ARSÈNE HOUSSAYE.

MADAME
DE FAVIÈRES.

II

PARIS,
DESESSART, ÉDITEUR,
8, RUE DES BEAUX-ARTS

MDCCCXLIV.

MADAME
DE FAVIÈRES

Imprimerie de GUSTAVE GRATIOT, 44, rue de la Monnaie.

MADAME

DE

FAVIÈRES

PAR

ARSÈNE HOUSSAYE

II

PARIS
DESESSART, ÉDITEUR
8, rue des Beaux-Arts.

1844

I

Un soir d'hiver, Franjolé débarqua au village de Froidmont par un ciel resplendissant d'étoiles. Depuis la dernière nuit, il avait voyagé sur un mauvais cheval d'auberge qui n'en pouvait plus. Il descendit à la porte d'un cabaret dont l'enseigne grinçait à chaque coup de vent comme une girouette rouillée. Il donna des ordres pour son cheval, en cavalier généreux qui oublie les torts de sa monture.

Après avoir jeté un coup d'œil sur les buveurs, il alla droit à la cheminée, s'y accouda et présenta tour à tour ses pieds glacés aux racines d'érable à demi consumées.

La cabaretière, qui filait à la quenouille, demanda très humblement s'il fallait préparer à souper pour sa seigneurie. Franjolé répondit qu'il souperait le mieux du monde. La cabaretière jeta sa quenouille sur le lit en criant à sa fille, qui plissait du linge dans la salle voisine, d'allumer les fourneaux au plus vite. Il n'y avait qu'un seul fourneau dans le cabaret; mais Franjolé n'y regardait pas de si près. Bientôt même l'idée de souper lui échappa, grâce à la conversation de deux buveurs.

— Croyez-moi, dit le plus vieux qui avait

l'air d'un saint homme, le château de Froidmont, depuis longtemps le refuge des âmes pieuses, va devenir un séjour de scandale : on y dansera cette nuit, et une danse de bal masqué ! Cela ne s'était jamais vu dans le pays.

— Vous êtes un vieux fou, répondit l'autre buveur en frappant les dalles de sa carabine ; il faut bien s'ébattre un peu pour secouer son chagrin.

—*Ad te, Domine, clamabo.* Vous ne savez pas ce que vous dites.

— Vous le savez bien moins que moi, vous qui parlez en latin quand vous ne savez plus que dire en français. Versez à boire et buvez. Entre nous deux, ceci est toujours la morale de la pièce. Vous dites donc que la fête sera belle au château ?

— Voilà quinze jours que les tapissiers sont là-haut sur notre montagne ; des tentures de soie, des franges d'or et d'argent, des lustres de cristal, — est-ce que je sais tout ce qu'ils font? — Sans parler des fleurs naturelles, comme vous et moi, qui sont épanouies sur toutes les cheminées. Et les costumes? Toute la mythologie! Les profanes! ils vont représenter les dieux païens, depuis Vénus jusqu'à Vulcain.... mon rosaire en frémit à mon cou!

— Allons, rebaptisez votre langue, et n'en parlons plus. Que venez-vous donc faire au cabaret?

— Madame de Nestaing veut que tout le monde soit content; elle m'a remis cinquante écus pour les pauvres de sa commune.

— Voilà une femme! Si j'étais dévot comme vous, mille tonnerres! je me signerais en disant son nom. Que de charités cachées et bien faites! Il y en a, et pas loin d'ici, qui font l'aumône du haut de leur grandeur; mais elle, bien loin de là, elle se fait humble comme un pauvre pour donner sa bourse. La première fois que je l'ai rencontrée, c'était au bord du bois des Grands-Genêts; elle se promenait, moi je suivais un blaireau à la piste. Elle eut peur de moi, — ce n'est pas la première qui a eu peur en me voyant, mille tonnerres! — C'est que je n'ai pas l'habitude de faire ma barbe ni de m'habiller en grand seigneur. Toujours est-il qu'elle a pris dans sa bourse une pièce de trente sous (tout ce qu'il y avait) pour me l'offrir. La belle main blanche! J'ai pris la pièce de trente sous, voyez-vous, Jacques Lebeau? Vous ne le croyez pas, car ce n'est pas mon affaire de mendier; mais il y a aumône et aumône. Si j'ai tendu la main, c'était pour la main de la dame et non pour l'aumône. Ah! vous ne le croyez pas? Eh bien! voyez plutôt!

Disant cela, Trompe-la-Mort passa l'index

à son cou pour saisir une chaîne où étaient suspendues, en guise de scapulaires, une médaille, un anneau d'argent et une pièce de trente sous.

— Retenez bien ceci, chanteur d'oraisons : Si jamais un malheur arrive à madame de Nestaing, c'est que je serais trop loin d'elle pour la secourir. — Ah! elle a bien vu dans mes yeux que je ne boirais pas avec sa pièce de trente sous. — Voyez-vous, Jacques Lebeau, mon ami, on n'a pas besoin de savoir le latin pour dire ce qu'on a dans le cœur.—Non pas que j'ose élever mon amitié si haut! — mais je suis un homme pourtant, car je suis libre et fier.

— Ami, dit le jardinier en se levant, il est temps de partir.

— Il est temps! Qu'est-ce que cela veut dire? il n'y a point de temps pour moi. Quand je suis bien quelque part, j'y reste sans me soucier de savoir s'il est temps de partir.

— Insensé !

Jacques Lebeau s'était approché de la fenêtre :

— *Laudate eum, omnes stellæ et lumen.* Je retourne au château, car on va m'attendre pour la fête.

II

L'hôte vint avertir Franjolé que son souper était servi et que son lit était couvert. Franjolé alla se mettre à table; mais tout d'un coup se levant avec agitation, il ordonna au cabaretier de lui seller au plus tôt un bon cheval. Comme cet homme allait sortir, Franjolé le rappela.

— Y a-t-il des comédiens à la ville voisine?

— Non, monseigneur; mais, par un hasard assez singulier, une petite troupe ambulante donne aujourd'hui la comédie au bourg voisin; si monseigneur aime le spectacle....

— C'est bien! dit Franjolé avec impatience.

Il donna quelques coups de dents à un poulet rôti, monta à cheval et partit comme un trait. Il revint au bout de deux heures, après s'être égaré plusieurs fois, quoiqu'il fît beau clair de lune.

— Votre lit est couvert, lui répéta l'hôte qui l'attendait au coin du feu.

— Je ne me couche pas, dit Franjolé; et, comme je n'ai point de valet de chambre, tu vas m'habiller.

Disant cela, il déploya sous les yeux ébahis du cabaretier une longue robe noire parsemée d'étoiles. Le pauvre cabaretier s'imagina qu'il avait affaire au diable. Quoiqu'il se fût aguerri, le verre en main, contre les idées superstitieuses, il ne put s'empêcher de faire le signe de la croix.

— Imbécile ! dit Franjolé en souriant un peu ; ce n'est pas là la robe flamboyante du diable, ce n'est que l'habit d'un magicien.

Bientôt rassuré, l'hôte servit tant bien que mal de valet de chambre à Franjolé. Le costume, quoique trouvé chez des comédiens de campagne, était digne de paraître à un bal masqué de grands seigneurs : il était moins fané que profané.

Il ne manquait qu'un masque ; Franjolé y suppléa par un barbe vénérable qui tombait en gerbe ondoyante jusque sur sa poitrine. Quand il se fut affublé de son chapeau pointu et orné de sa baguette enchantée, il ordonna au cabaretier de le conduire avec une lanterne (car la lune venait de se coucher) au château de Froidmont.

Comme ils allaient sortir du cabaret, il retint l'hôte par le bras.

— Attends! j'ai oublié sur la table mon poignard : c'est une pièce essentielle du costume.

Il retourna, saisit son poignard, l'attacha sous sa robe et repartit.

Il monta la montagne en silence, ne répondant que par monosyllabes à la curiosité du cabaretier. A la porte du château, il le congédia et lui dit de l'attendre avec un bon feu au cabaret.

La porte du château était ouverte. Près d'arriver au perron, Franjolé s'arrêta et mit la main sur son cœur qui battait violemment.

La fête était commencée ; une musique aiguë se répandait jusque dans la cour. Il vit au travers des rideaux de lampas du grand salon glisser les ombres des danseurs; il s'avança sans y penser vers une fenêtre pour mieux entendre le bruit et la musique.

Peut-être fût-il demeuré là longtemps à rêver s'il n'eût été distrait par des laquais traversant la cour; il monta le perron, traversa fièrement les antichambres et se présenta à la porte du salon en homme habitué à entrer partout comme un baron sur ses terres.

A sa vue, grande rumeur : on croyait tout le monde arrivé; on n'avait pas compté sur un magicien. Il fut lui-même très surpris du tableau vivant qu'il eut alors sous les yeux; il ne s'attendait pas à voir une fête où les dieux de l'Olympe étaient presque tous représentés. Vénus était là avec son cortége de Grâces.

Vénus, c'était la comtesse de Riez. Le comte n'en boitait pas pour cela. Il s'était bravement déguisé en Mars, et portait sur son épaule les filets de Vulcain.

Je ne parlerai ni de Junon qui était vieille,

ni de Minerve qui était laide, ni d'une Hébé très court vêtue qui servait à boire aux dieux.

Madame de Nestaing, qui avait choisi le costume et les attributs de Diane chasseresse, était ravissante sous cette métamorphose, quoique un peu pâle peut-être. La Châtaigneraye ayant deviné son costume par quelques paroles indiscrètes de madame de Riez, avait eu la hardiesse de se déguiser en Actéon, ce qui faisait jaser un peu la galerie. Cependant, à sa façon respectueuse de faire sa cour à Diane, on jugeait qu'il ne l'avait pas encore surprise au bain.

Franjolé pria un Hercule qu'il trouva à la porte de le présenter à la châtelaine, préparant une belle excuse sur son déguisement de mortel pur et simple. « Madame, murmurait-il entre ses dents, vous n'avez qu'à me regarder pour faire de moi un dieu. » Mais il ne débita point ce compliment. Arrivé à la suite d'Hercule devant Diane chasseresse il ne trouva pas un mot à dire; il s'inclina et s'éloigna tout défaillant comme s'il eût entendu sonner sa dernière heure.

III

La danse avait recommencé; le violon, la flûte et le hautbois mariaient leurs sons aigus; Vénus, les Grâces et Diane chasseresse luttaient de séduction dans je ne sais plus quel ballet.

Franjolé, retiré dans un coin, entre la cheminée et les musiciens, regardait sans voir les ravissantes folâtreries qu'il avait en spectacle. Si on l'eût alors regardé de bien près on aurait découvert toute l'agitation de son cœur. Il était si absorbé qu'il ne s'aperçut pas que, toute essoufflée par la danse, madame de Nestaing sortit par la porte d'un boudoir suivie de mademoiselle de Riez et de la Châtaigneraye. Pourtant, voyant bientôt reparaître seule mademoiselle de Riez, il se souvint que madame de Nestaing était sortie suivie de cette jeune fille et du chasseur Actéon. Il devina sans peine que Diane et Actéon n'étaient pas étrangers l'un à l'autre.

— Voyons, dit-il avec une jalousie soudaine ; un mort peut bien sortir du tombeau pour veiller sur l'honneur d'une femme.

Il s'avança résolument vers la porte du boudoir. Comme il allait en franchir le seuil il fut arrêté par cette question du comte de Riez à sa sœur :

— Où est donc Diane? Je te croyais avec elle.

— La lampe s'est éteinte; Actéon était là, je me suis enfuie.

— Ce diable de la Châtaigneraye est toujours là quand les lampes s'éteignent. — Ce n'est rien, ajouta le comte pour rassurer sa sœur; Diane aura sans doute rallumé la lampe aux flammes de ses beaux yeux.

Comme il disait ces mots, Junon vint lui offrir la main pour un pas de danse.

— La Châtaigneraye! murmurait Franjolé de plus en plus agité. La Châtaigneraye! Il paraît que je suis ici en pays de connaissance.

Il disparut par la porte du boudoir. A la suite de cette pièce toute illuminée, on entrait dans la chambre à coucher de madame de Nestaing. C'était une de ces grandes chambres du vieux temps où l'on se perdait en plein jour, comme dit Brantôme, pour aller de la cheminée au lit.

La porte en était ouverte; la lumière du boudoir y pénétrait, mais seulement comme un rayon qui traverse l'ombre. Franjolé porta la main à son cœur et à son poignard; il voulut entrer...

— Allons, allons, dit-il en s'apaisant un peu; tout est fini pour moi !

Il alla s'asseoir sur un canapé du boudoir. Après un moment de réflexion, il se leva et ferma la porte donnant sur le salon, et, pour empêcher qu'on entendît de ce côté, il demeura appuyé contre la porte.

Un instant après, il vit dans le rayon de lumière de la chambre à coucher Diane et Actéon; la déesse languissamment penchée sur l'épaule de l'amoureux chasseur refusait de reparaître à la fête avec les serments qu'il venait de lui faire; Actéon l'entraînait en lui disant qu'elle y reparaîtrait plus belle encore. A leur entrée dans le boudoir, elle jeta un cri d'effroi en voyant le magicien immobile sur la porte.

— Qu'est-ce donc ? dit la Châtaigneraye en s'avançant d'un air altier vers Franjolé.

— Rien, répondit Franjolé, moins que rien, un homme.

— Que faites-vous là cloué sur cette porte ?

— Je vous attendais.

— Votre nom.

— Je n'en ai plus.

Madame de Nestaing, à demi évanouie, s'était jetée sur le canapé du boudoir.

— Parlez, reprit la Châtaigneraye avec impatience, nous n'avons pas de temps à perdre.

— La vie est faite de temps perdu.

— Assez ! Qui êtes-vous ? Que viens-tu faire ici ? Parle ! mais parle donc !

Disant cela, la Châtaigneraye frappait du pied avec colère.

— Je suis ici en pays de connaissance, répondit paisiblement Franjolé; bien mieux, je suis ici chez moi.

— Fou !

— Demandez plutôt à la dame du logis.

Tout en demeurant contre la porte, Franjolé fit tomber à ses pieds son chapeau et sa barbe.

— Franjolé! s'écria la Châtaigneraye.

A cet instant, madame de Nestaing voyant cette figure se leva, vint tout éperdue jusque devant le magicien, poussa un cri étouffé et tomba sans connaissance dans les bras de la Châtaigneraye.

— Ne vous avais-je pas dit, reprit Franjolé, que j'étais connu ici.

IV

— Je perds la tête, dit la Châtaigneraye, emportant madame de Nestaing sur le canapé.

— Si vous voulez comprendre, poursuivit Franjolé, écoutez-moi en silence.

— Vous écouter! mais cette femme qui est là évanouie, il faut la secourir.

— Son réveil ne sera point agréable; pourquoi ne pas la laisser en paix? D'ailleurs je veux être écouté.

Franjolé prononça ces derniers mots d'un ton impérieux.

— Si vous n'avez peur de moi, vous craignez le scandale. Vous m'écouterez en silence. Je vais tout dire en peu de mots. Je ne suis point Franjolé, je suis comte de Favières; cette femme qui est là n'est point madame de Nestaing, c'est la comtesse de Favières.

— Vous êtes fou.

— Silence! Quand je me suis marié, j'avais une maîtresse, une fille d'Opéra : vous les connaissez toutes. Celle-là s'attacha à moi le lendemain de mon mariage. Jusque-là, elle ne m'avait point aimé; dès ce jour, ce fut une passion sans borne. Vous le croirez sans peine, vous qui avez aimé toutes les femmes. Je confondis dans le même amour l'épouse et la maîtresse. La maîtresse fut plus aimée que l'épouse. Le cœur est ainsi fait, le démon en a toujours la plus belle part. J'étais avec cette fille dans une terre voisine de Favières, quand un de ses amants, elle en avait plusieurs, vint en ce lieu pour me l'enlever. Si elle fût partie toute seule, comme je commençais à m'ennuyer auprès d'elle, je me serais bien gardé de la retenir; mais partir en compagnie! voilà ce que je ne voulais point. Je surpris les fugitifs au bord de la forêt; ils fuyaient en chaise de poste par une nuit sombre et par une pluie battante. Je forçai l'amant de mettre pied à terre; j'ordonnai au postillon de poursuivre son chemin avec la dame, et, offrant une épée à son compagnon de voyage, je le priai de se mettre en garde. Le combat fut long; le pauvre amoureux resta sur le champ de bataille. Savez-vous ce que je fis alors?

Ne connaissant que trop bien l'édit sur les

duels, ne voulant pas que ma femme fût obligée de suivre ma destinée, après cette aventure scandaleuse qui apprenait à tout le monde et à elle-même ma façon de vivre dans le mariage, je pris tout de suite la résolution de lui laisser les chances du veuvage.

Je rentrai au château, tout en rédigeant une épitaphe ; j'appelai un coquin de valet sur l'impudence duquel je comptais ; j'écrivis mon testament sous ses yeux, ayant soin de lui faire lire une clause renfermant un legs pour lui. Je lui déclarai que j'étais mort et qu'il ne s'agissait plus que de me faire enterrer. Le coquin me comprit. Il m'avait vu partir avec des épées : — C'est cela, monseigneur a été tué en duel. — J'écrivis une lettre d'adieu et de repentir à madame de Favières, la priant de disposer de ma fortune à son gré ; je ne réservai pour moi que ce qu'il me fallait pour vivre obscur et oublié.

Je demeurai deux jours pour assister autant que possible à mon enterrement. Vous devinez qu'on mit tout simplement mon adversaire à ma place. Ainsi il n'y eut point de profanation dans l'église, il n'y eut qu'un mensonge sur l'épitaphe : les tombeaux sont habitués à cela.

Je partis pour Paris, le meilleur pays pour vivre dans la solitude et l'oubli. Vous avez vu comment je vécus en mort de qualité, jouant du violon et secouant la poussière des vieux livres. J'ai tenu parole à ma veuve, je veux lui tenir parole encore. Voilà pourquoi je vais vous prier, ou vous forcer, si vous aimez mieux, d'épouser madame la comtesse de Favières, qui se dit aujourd'hui la vicomtesse de Nestaing.

— Vous ne savez ce que vous dites, ni moi non plus, murmura la Châtaigneraye avec curiosité et avec impatience, tout en soulevant dans ses bras la tête de madame de Nestaing.

— J'ai dit la vérité, j'ai parlé sérieusement, reprit Franjolé d'un air triste et grave. Après ce qui vient de se passer vous devez votre main à cette femme; pour votre cœur, je pense qu'il est à elle depuis longtemps.

Il se fit un moment de silence. Franjolé, toujours appuyé contre la porte, tourna ses yeux pour la première fois sur cette main fine et blanche qui l'avait si souvent séduit à la fenêtre sculptée de la rue Sainte-Marie.

— O mon Dieu! murmura-t-il en penchant la tête et en soupirant, vous vouliez donc, quand vous m'avez présenté cette main dont je m'étais détaché, me punir bien cruellement de cette triste séparation! Je n'ai aimé ma chaîne qu'après l'avoir brisée. Mais qu'ai-je dit? ai-je le droit de me plaindre ici-bas, moi qui ne suis plus de ce monde? La faux de la mort a passé sur mon cœur. Je suis un étranger, un proscrit, un exilé.

Il se tut. La Châtaigneraye tout éperdu regardait tour à tour madame de Nestaing et Franjolé : il croyait rêver ou lire un roman. On entendait toujours la musique vive et gaie de la fête. La danse n'avait pas encore été si bruyante. Le comte de Riez, pour cacher l'abscence de la dame du logis, donnait l'entrain avec passion. Cependant, au moment où Franjolé venait d'achever son étrange récit, le comte de Riez ne put empêcher sa femme et son ami le chevalier de vouloir passer dans le boudoir sous le prétexte de retrouver madame de Nestaing. Le chevalier poussa donc la porte. Franjolé l'ouvrit à moitié et se mit sur le passage pour empêcher les regards curieux.

— Encore un instant. Je dis la bonne aventure à madame de Nestaing, tout à l'heure ce sera votre tour.

Il ferma la porte sans parlementer davantage, sauvant ainsi pour les étrangers l'honneur de sa femme.

Il y eut encore un moment de silence dans le boudoir.

— De grâce, madame, revenez à vous, dit tout à coup la Châtaigneraye en relevant tout à fait l'épouse ou la veuve de Franjolé.

Elle ouvrit les yeux ; elle agita les bras ; elle dénoua sa chevelure.

— Où suis-je ? s'écria-t-elle tout égarée.

Elle regarda la Châtaigneraye.

— Riantz ! c'est vous !

Elle se jeta dans les bras de son amant ; elle se cacha le front sur son cœur.

— Ah Riantz ! sauvez-moi de M. de la Châtaigneraye.

Elle se tourna vers Franjolé comme entraînée par un vague souvenir.

— Riantz ! — Riantz ! sauvez-moi de ce

fantôme. — Mais tu n'es qu'un fantôme toi-même.

En ce moment le marquis acheva de perdre la tête ; il ne comprit pas qu'il frappait le cœur de sa pâle maîtresse d'une horrible révélation, en lui disant : — Riantz! Riantz! qu'avez-vous dit? Riantz, c'est moi!

Elle retomba atterrée sur le canapé.

— Riantz! la Châtaigneraye! Oui, je t'avais reconnu, lâche!

Elle le repoussa.

— Qu'ai-je dit? murmura la Châtaigneraye qui sentit enfin l'affreuse situation de cette femme, qui lui avait été infidèle en se donnant à lui.

Toute voilée par ses longs cheveux épars, madame de Favières se tourna vers Franjolé.

— Vous! qui êtes-vous donc? Mais c'est un jeu de l'enfer. M. de Favières! c'est M. de Favières! O mon Dieu! dans quel abîme... Je suis folle, n'est-ce pas ? de grâce, dites-moi que je suis folle.

Elle tomba agenouillée.

— Oui, c'est vous, je vous reconnais, vous que j'ai oublié... Ayez pitié de moi. Grâce ! grâce ! j'irai vous rejoindre bientôt. Ne suis-je pas plus d'à moitié morte.

Elle leva sa main tremblante.

— Cette main que j'ai tant aimée, dit Franjolé avec un sanglot, cette main...

Il n'eut pas d'abord le courage de la *saisir* ni même de la *toucher*.

— Grâce ! grâce ! reprit madame de Favières avec l'accent du désespoir.

On frappa à la porte sans doute à cause des cris de la pauvre femme.

— Ce n'est rien, cria Franjolé, ce n'est qu'une prédiction, dansez, dansez.

Emporté par son cœur, Franjolé prit enfin la main qu'il avait laissé retomber.

— Relevez-vous, madame, vous êtes libre ; c'est une ombre qui vous parle. Je vous le dis, vous êtes libre ; je ne reparaîtrai plus à vos yeux. Je retourne dans l'oubli, mais je ne partirai qu'après avoir reçu du marquis de la Châtaigneraye le serment de vous épouser. S'il refuse, je vous jure, moi, qu'il n'en épousera jamais d'autre. Mais je ne veux pas troubler davantage vos fiançailles.

Il saisit la main de la Châtaigneraye et la réunit à celle de madame de Favières.

—Adieu, madame; adieu, la Châtaigneraye.

Il ramassa son chapeau, s'inclina et disparut par la chambre à coucher.

— Relevez-vous, madame, vous êtes libre ; c'est une ombre qui vous parle. Je vous le dis, vous êtes libre ; je ne reparaîtrai plus à vos yeux. Je retourne dans l'oubli, mais je parlerai qu'après avoir reçu du marquis de Chataigneraye le serment de vous épouser. S'il refuse, je vous tue, mais, qu'il n'ait jamais nausier d'autre. Ainsi je ne veux pas trop vous davantage vos oreilles.

Il est le matin de la Chataigneraye, et la poudre à cette madame de Peyères.

— Adieu, madame ; adieu, la Chataigneraye.

Il remmet son chapeau, s'inclina et disparut par la chambre à coucher.

V

Dès que la porte du boudoir fut libre, les curieux du salon l'ouvrirent et affluèrent vers le lieu de la scène.

— Ma foi, messieurs, dit la Châtaigneraye d'un ton dégagé, je crois bien que le diable vient de nous rendre visite en personne, car en vérité ce magicien avec sa robe semée d'étoiles et son chapeau pointu n'est rien autre que le diable. Voyez-vous la belle comédie qu'il vient de nous jouer? nous en sommes encore tout ébouriffés. Par malheur madame de Nestaing a pris le diable au sérieux.

Disant ces mots, la Châtaigneraye s'approcha de sa maîtresse qui s'était remise sur le canapé.

— Madame, revenez à vous, le magicien n'est plus là; je crois, Dieu me pardonne, qu'il s'est enfui par la cheminée.

Madame de Favières, pâle comme une morte, ne trouva pas un mot à dire. Toutes les femmes vinrent à elle avec empressement et avec curiosité. La musique fut interrompue. Durant le reste de la nuit on ne fit plus que parler du diable. — Qu'a-t-il fait? de quelle couleur était-il? parlait-il hébreu ou chinois? avait-il une queue? avait-il des cornes? est-il parti? reviendra-t-il? qu'a-t-il dit? qu'a-t-il fait? a-t-il prédit la fin du monde à madame de Nestaing? En un mot, mille questions de ce genre se croisaient à toutes les oreilles.

La Châtaigneraye faisait bonne contenance, il entassait mensonges sur mensonges, de l'air du monde le plus persuadé. On ajoutait foi ou on feignait d'ajouter foi à ses récits bizarres.

Cependant madame de Favières, loin de se remettre, était de plus en plus abattue et désespérée; plus elle réfléchissait et plus elle descendait dans l'abîme. L'apparition de son mari qu'elle croyait mort depuis longtemps, cette fête qui se terminait par un coup de théâtre, tous ces spectateurs qui cherchaient à lire dans son âme, ce cruel la Châtaigneraye qui en lui disant que Riantz n'était rien autre que lui-même, lui disait assez qu'il y avait dans son amour plus de caprice que de passion; ce souvenir d'avoir été infidèle à un homme en lui donnant deux fois son cœur, tout cela l'exaspérait et la tuait.

Dès qu'elle put se soutenir, elle ressaisit ses forces et se retira vers sa chambre disant qu'elle allait revenir et priant ses conviés de continuer la fête.

Elle ne revint pas ; elle se mit au lit en la seule compagnie de madame de Riez qui avait voulu la suivre. Madame de Riez espérait savoir l'énigme, mais madame de Favières persista à garder le silence ; obsédée de questions importunes elle finit par faire semblant de s'endormir.

Le jour commençait à poindre ; chacun fit atteler ses chevaux, reprit ses habits de simple mortel et monta en voiture, promettant de revenir bientôt savoir les suites de la visite du diable.

La Châtaigneraye partit aussi ; mais à peine au milieu du bois des Grands-Genêts, quand il jugea qu'il ne restait plus au château que madame de Favières et sa mère, il rebroussa chemin disant au comte de Riez qu'il avait oublié de confier un secret à madame de Froidmont.

A son retour au château, il demanda à se présenter devant madame de Favières si elle ne dormait pas. Elle fit répondre qu'elle ne voulait voir personne. Il s'obstina à frapper à sa porte; effrayée à la seule idée de le revoir, elle demanda une plume et lui écrivit :

« Monsieur le marquis,

« Pourquoi voulez-vous la revoir celle qui
« fut deux fois coupable à vos yeux? votre
« présence ne serait qu'un supplice pour elle;
« alors même que vous n'êtes pas là, elle
« rougit bien assez. Vous vous êtes fait un
« jeu de l'amour; si le jeu vous a distrait
« tant mieux, pour moi le jeu m'a tuée. Adieu. »

A ce billet, la Châtaigneraye répondit par une longue lettre pleine de vraie passion et de vraie douleur; il avouait son crime avec un repentir profond; il mettait sa vie aux pieds de madame de Nestaing; si elle mourait il voulait mourir, si elle daignait vivre il voulait l'adorer; mais il demandait surtout à la revoir, ne fût-ce qu'un instant, à se jeter à genoux, à pleurer sur ses mains. Madame de Nestaing, qui avait aimé deux fois cet homme, n'eut pas la force de lui refuser une entrevue : elle reprit la plume et lui écrivit cette simple ligne au bas de la lettre.

« Venez donc, je n'en mourrai que plus tôt. »

VI

Il vint. L'entrevue fut déchirante; pour la première fois de sa vie la Châtaigneraye montra qu'il avait des larmes dans le cœur; il prit les mains de sa pâle maîtresse, il pria Dieu, lui qui n'avait jamais prié.

Ils ne se dirent rien, qu'avaient-ils à se dire? D'ailleurs, ne se parlaient-ils pas en se regardant? Comment reproduire toute la tristesse funèbre de ce langage. Madame de Nestaing pressentait que la mort venait à grands pas. La Châtaigneraye ne pouvait voir les yeux étincelants, la sombre pâleur, les lèvres déjà flétries de madame de Favières sans songer aux profondeurs de la tombe.

Au bout d'une demi-heure madame de Froidmont ayant fait avertir sa fille qu'elle allait venir, la jeune femme supplia la Châtaigneraye de s'éloigner.

— Je reviendrai, dit-il, d'un air suppliant.

— Oui, revenez, murmura-t-elle.

Mais dès que la porte fut refermée sur lui elle ajouta :

— Je ne le reverrai plus, car je ne serai plus là.

En effet la fièvre qui l'avait saisie fit sur elle de rapides ravages. Quand le cœur est blessé à mort, c'est bientôt fait du reste ; quand notre âme déploie ses ailes pour les sphères éternelles nous avons déjà un pied dans la tombe.

Dès la nuit suivante, madame de Favières tomba dans un horrible délire. La Châtaigneraye, qui était revenu avec le comte de Riez, eut beau faire pour pénétrer jusqu'à elle; le médecin et le curé, qui veillaient auprès de son lit, vinrent supplier le marquis d'attendre jusqu'au lendemain.

Le lendemain même délire, même prière, même empêchement. Une crise emporta la malade vers le milieu de la nuit. Elle mourut en jetant ses bras dans le vide comme pour repousser des images qui l'effrayaient.

La Châtaigneraye alla prier et pleurer sur sa tombe, il jura de mourir pour elle ou de ne vivre que dans son souvenir.

Son serment fut fait avec tant de ferveur que, durant *six semaines*, la Châtaigneraye ne reparut pas dans le monde. Au bout de ce temps, il lui sembla qu'il y avait six siècles qu'il pleurait sa belle maîtresse ; il fit comme les femmes, il se consola.

Il épousa depuis cet événement mademoiselle Caroline de Coigny, celle que le duc de Richelieu avait vainement tenté de mettre au nombre de ses conquêtes.

Si vous n'avez pas oublié le chevalier de Champignolles, sachez donc qu'il se maria aussi. Il se maria sur les instances de son tout dévoué ami le marquis de la Châtaigneraye avec une des demoiselles de Longpont-Marvy qui de tout temps ont attendu le mariage pour avoir des amants.

Pour Franjolé, il joua si bien son rôle jusqu'au bout qu'on n'entendit jamais parler de lui. Un jour que le marquis de la Châtaigneraye avait remué le souvenir de ses folles amours, ou plutôt de la seule passion qu'il eût ressentie en ce monde, il fut entraîné sans savoir pourquoi dans la rue Sainte-Marie, quoique depuis longtemps la petite maison qu'il possédât dans le voisinage eût été vendue par les ordres de son père. Comme il passait devant la boutique du menuisier, il entendit une musique douce et triste qui le frappa au cœur : c'était Franjolé qui jouait encore du violon.

FIN.

MADEMOISELLE GUIMARD

I

Le xviiiᵉ siècle est inépuisable pour le conteur. Celui qui ne s'arrête qu'à la surface le juge d'un seul regard : mythologie surannée dans les arts, amourettes licencieuses dans le beau monde, jours filés de clinquant à la cour; mais celui qui descend un peu dans les ténèbres de ce passé tout palpitant encore, celui qui secoue résolument la poussière des livres qui ont cent ans, qui va étudier à Versailles et ailleurs les physionomies de la cour de Louis XV, qui cherche à lire dans ces cœurs que cachaient les roses du corsage, celui-là découvre toute une comédie *à cent actes divers* qui se joue sous le soleil en mille et mille scènes curieuses, l'éternelle comédie humaine, mais plus naïvement folle que jamais. Jusqu'ici j'ai tenté de peindre les plus intelligents de la troupe, ceux qui font rayonner la poésie par toutes ses faces : il me reste encore plus d'une étude à faire; et, puisque j'ai parlé de comédie, ne puis-je pas crayonner le profil de quelques-unes de ces comédiennes qui, depuis la Camargo jusqu'à la Guimard, forment une chaîne perfide ou une guirlande d'amour, comme disaient les Gentil-Bernard? On verra que, loin d'être déplacés dans la comédie humaine, les baladins y tenaient comme de nos jours les plus belles places par le bruit et l'argent. Au temps où Boissy mourait de misère, non pas comme Malfilâtre, qui du moins mourait seul, mais avec sa femme et ses enfants, la comédienne qui jouait ses pièces éclaboussait vingt poëtes par ses équipages. Au temps où Grétry, Lantara, Jean-Jacques Rousseau, vivaient à la condition de dîner en ville, mademoiselle Guimard avait un palais et donnait à souper à un prince de Soubise et à un duc d'Orléans : je n'ai pas besoin d'ajouter que le musicien, son compagnon de gloire à l'Opéra, n'était pas invité au souper. Mais tout ce faux bruit et tout ce faux éclat ont fini par s'apaiser et s'effacer devant une gloire plus digne; la mort vient mettre tout le monde à sa place. Aujourd'hui, le poëte ou le musicien nous charme encore ; mais qui se souvient de la danseuse ou de la chanteuse qui l'éclaboussait? Un grand exemple : Il y a un an mademoiselle Thévenin, — qui connaît aujourd'hui mademoiselle Thévenin, la rivale de la Duthé? — mourut à Fontainebleau, âgée de quatre-vingt-douze ans. Une foule de grands seigneurs et de financiers s'étaient ruinés pour elle au gré de ses caprices. Elle est morte millionnaire et avare sans penser à Dieu ni aux pauvres. Elle n'avait pas d'héritier et elle n'a pas fait de testament, comme si la seule idée de donner après sa mort lui eût trop coûté. Mademoiselle Thévenin a laissé 50,000 livres de rentes à l'État. Il est vrai que l'État est le premier pauvre du royaume.

Dieu me garde de jamais m'arrêter à un tel portrait. Si j'ai reproduit cette horrible mort, c'est pour venger au grand jour les pauvres que cette femme a déshérités durant sa vie et après sa mort. Je choisis mieux mes modèles. Plus d'une figure aimable est à détacher de la galerie de l'Opéra. A côté de mademoiselle Thévenin qui fut avare, on trouve mademoiselle Guimard qui fut généreuse.

II

A peine si les biographes disent quelques mots de mademoiselle Guimard. Il est vrai que les biographes sont comme les journaux, ils n'apprennent jamais rien; ce qu'ils disent, tout le monde le sait de longtemps, ou de la veille tout au moins; ce qu'ils ne disent pas, tout le monde voudrait le savoir. Mademoiselle Guimard joua un grand rôle dans sa vie, à l'Opéra, à la ville, à la cour. D'abord elle dansa, ensuite elle fit des passions, encore des passions, toujours des passions. Cent marquis se ruinèrent pour elle; mais ce qui semblera beaucoup plus surprenant, c'est qu'elle ruina presque un fermier général. Un fermier général !

Vous savez qu'ils étaient tous riches comme deux cents marquis. Je ne vous dirai point le nom de ses amants, il me faudrait du temps et de la place ; sachez seulement qu'elle comptait parmi les plus persévérants des ducs et des princes : ainsi le duc d'Orléans, ainsi le prince de Soubise. Celui-ci surtout fut très opiniâtre ; il persista à lui donner beaucoup d'argent. La Guimard se résignait à toucher de çà de là, par-ci par-là, trois à quatre cent mille francs de revenu, sauf à en faire bon usage. Tantôt elle bâtissait un palais, tantôt elle faisait elle-même large aumône aux pauvres de son quartier. Grimm raconte une de ses charités. Durant les grands froids de 1768, elle prend de l'argent sans compter, 8,000 fr. à peu près ; elle se met en marche toute seule sans rien dire à personne, elle monte dans les mansardes de son voisinage, elle s'informe de tous ceux qui souffrent de la rigueur de la saison; elle donne à chaque famille sans pain de quoi vivre pendant un an. N'était-ce pas la rosée bienfaisante dont parle l'Écriture? Voilà qui ennoblissait ses entrechats. Touché jusqu'aux larmes de cette bonne œuvre, Marmontel adressa à la danseuse une longue épître : il faut dire qu'il dînait souvent chez mademoiselle Guimard. Cette action fit beaucoup de bruit; un prédicateur en parla dans un sermon, ne manquant pas d'évoquer à ce propos la sublime figure de Madeleine repentante. « Ce n'est point encore Madeleine repentante, s'écria-t-il; mais c'est déjà Madeleine charitable. La main qui fait si bien l'aumône ne sera pas méconnue de saint Pierre quand elle ira frapper à la porte du paradis. » Grimm, voyant tout le monde attendri, dit dans son journal : « Et moi, j'ai envie de faire ici le rôle de ce bon curé de village, qui, ayant prêché à ses paysans la passion de Notre-

Seigneur, et les voyant tous pleurer de l'excès de ses souffrances, eut quelque pitié de les renvoyer chez eux si affligés, et leur dit : « Mes enfants, ne pleurez pourtant pas tant, « car tout cela n'est peut-être pas vrai. » Je meurs de peur que la belle action de mademoiselle Guimard ne soit vraie que comme cela. » Malgré cette peur du gazetier, l'histoire est vraie de point en point; d'autant plus vraie, que la Guimard n'en a jamais dit un mot; c'est la police qui a constaté tous les bienfaits. Du reste, Grimm a été un des lointains adorateurs de la Guimard. « Je l'ai toujours tendrement aimée, écrit-il au roi de Prusse. On dit qu'elle a le son de voix rauque et dur; c'est un furieux tort à mes oreilles; mais comme je ne l'ai jamais entendue parler, ce défaut n'a pu diminuer ma passion pour elle. »

On a le droit de s'étonner des merveilleuses conquêtes de cette danseuse; mais à propos d'amour il ne faut s'étonner de rien. Sitôt qu'on veut raisonner sur ce chapitre, on déraisonne. Non seulement la Guimard n'était pas belle, mais elle n'était pas même jolie. Il faut dire qu'elle avait ce je ne sais quoi d'indéfinissable qui séduit sans que l'esprit et le cœur sachent pourquoi. Enfin l'amour n'est pas aveugle pour rien. Mademoiselle Guimard avait plus qu'aucune autre de sa trempe l'art de mettre un bandeau sur les yeux qui la regardaient. Elle était maigre comme une danseuse, et même plus maigre encore, à ce point que ses charitables compagnes la surnommaient *l'araignée* : il est vrai que sa danse rappelait un peu les gambades des faucheux. Outre les gambades elle excellait dans les rigodons, les tambourins, les loures, dans tout ce qu'on appelait les grands airs. Plus d'une fois elle a fait fureur dans la gargouillade; elle pirouettait à merveille, mais son vrai triomphe était la danse capricieuse, et ce fut pour elle que l'on fit le ballet : *les Caprices de Galathée*. Ce qui la distinguait encore, c'était l'afféterie ; elle dansait comme Sterne écrivait; aussi Sterne, qui la vit à son voyage en France, la déclara la plus fausse, la plus froide, la plus maniérée des danseuses. Heureusement pour elle que tout le monde n'était pas de l'avis de Sterne. Ses admirateurs disaient d'elle tout simplement : C'est la volupté en personne. A elle seule elle représente les trois Grâces. Mademoiselle Arnould, qu'on écoutait comme un oracle dans ce monde perverti, contre-balançait un peu ces éloges par des épigrammes. M. de Jarente, plus ou moins évêque d'un diocèse où il n'a jamais paru (c'était la mode alors d'être évêque d'Orléans comme l'abbé de Bernis était archevêque d'Alby), aimait mademoiselle Guimard. Grâce à lui, elle était entrée dans les ordres, suivant son expression, et elle avait *la feuille des bénéfices*. De là ce mot de mademoiselle Arnould : « Je ne conçois pas comment ce petit ver-à-soie est si maigre, il vit sur une si bonne feuille. » Mademoiselle Guimard répondit à cette méchanceté par une lettre d'injures où Sophie Arnould était accusée d'avoir commis sept fois par jour les sept péchés capitaux. Sophie Arnould répliqua par ces quatre mots : *fait double entre nous.*

La Guimard, du reste, se moquait avec le même esprit des compliments et des satires. Elle était bien plus préoccupée d'un équipage à changer, d'un palais à bâtir, d'une aumône à faire. Tous les journaux du temps s'entretiennent de sa maison surnommée *le temple de Terpsichore*. L'histoire ancienne parle de la courtisane Rhodope qui faisait bâtir une des plus fameuses pyramides d'Égypte avec l'argent de ses adorateurs : la Guimard fit bâtir un palais, dans la chaussée d'Antin, où se sont engloutis plus de trésors qu'il n'en eût fallu pour élever vingt pyramides. Le temple de Terpsichore renfermait, outre les grands et les petits appartements de la déesse, un jardin d'été et un jardin d'hiver, une bibliothèque de mauvais livres, une galerie de tableaux galants, et un théâtre où venaient jouer avec délices les comédiens ordinaires du roi et tout ce qu'il y avait de talents dans les troupes vagabondes. Les folies anciennes fournissent-elles un pareil exemple? Il a fallu une défense des gentilshommes de la chambre, dit un journal, pour empêcher les coryphées des comédies française et italienne d'aller jouer chez mademoiselle Guimard, parce que ensuite ils se reposaient et ne jouaient pas pour le public. La danseuse brava la défense, habituée qu'elle était à commander en reine; elle fut menacée de par le roi, elle répondit à la menace en donnant chez elle la parodie d'une fête de la cour. Quoiqu'un roi de France sût alors jeter à pleine main l'argent par les fenêtres, la parodie de la fête fut plus brillante encore que la fête même. Spectacles, danses, festins, folies de tous les temps et de tous les pays, rien n'y manqua, le scandale moins que toute autre chose.

Le croira-t-on? la reine Marie-Antoinette, qui comme tant d'autres avait touché de ses lèvres la coupe fatale où s'enivrait ce siècle étourdi et pirouettant, spirituel et volage, appelait sans façon et sans y regarder à deux fois la Guimard à ses conseils de toilette. Il arrivait le plus souvent que la Guimard était la présidente du conseil, même en présence de la dame d'honneur, la princesse de Chimay, de la dame d'atours, la comtesse d'Ossun, et de la dame du palais, la marquise de la Roche-Aymon. La surintendante même, chef du conseil, comme on disait alors, n'avait pas un mot à dire quand la Guimard paraissait à Versailles. La reine avait une confiance aveugle dans le bon goût de la danseuse. Mademoiselle Guimard par-ci, mademoiselle Guimard par-là; mes cheveux sont-ils bien échafaudés? ces roses fleurissent-elles bien à mon corsage? La danseuse répondait sans balancer, à peu près comme si elle eût parlé à Sophie Arnould; elle savait que l'étiquette était bannie de la cour de France depuis que madame Dubarry avait passé sur le trône. D'ailleurs elle traitait presque avec la reine de puissance à puissance. Tous les seigneurs qui papillonnaient à la cour n'avaient-ils point pirouetté chez elle? Le luxe de Trianon égalait-il celui du temple de Terpsichore? La reine avait-elle, comme la danseuse, que dis-je comme la danseuse! comme la déesse de la danse, un jardin d'hiver où s'épanouissaient les plantes les plus rares?

La Guimard n'ignorait pas le prix que la reine attachait à ses conseils. Ainsi, un jour qu'elle allait au For-l'Évêque, elle dit à sa *dame d'honneur :* Ne pleure pas, Gothon; j'ai écrit à la reine que j'avais découvert une nouvelle façon d'échafauder les cheveux, je serai libre avant ce soir.

III

Un journal du temps dit, en parlant de l'hôtel de la Guimard, que l'Amour en fit les frais et que la Volupté en dessina le plan. Jamais, ajoute ce journal, ces divinités n'eurent en Grèce un temple plus digne de leur culte. A cet effet, la danseuse avait son peintre ordinaire. Ce peintre était Fragonard. Il fut décidé entre la déesse et l'artiste que le salon serait tout en peinture, panneaux, plafond, portes, glaces. Fragonard prit sa palette la plus fraîche et la plus séduisante, son pinceau le plus léger et le plus spirituel. Après deux ans de travail, il n'était point encore au bout de cette œuvre galante; mais il avait fait son chemin dans le cœur de la Guimard; il est vrai que c'était une raison de n'en pas finir. Voulant peindre Terpsichore sous toutes ses faces et sous tous ses attributs, il avait bien des fois demandé audience à la danseuse, qui posait toujours avec la meilleure grâce du monde.

— Hé bien, Fragonard, qu'allons-nous peindre aujourd'hui?

— Votre sourire, vos lèvres, toutes les grâces de votre bouche.

— Flatteur!

— Voyons, ne perdons pas de temps, un sourire, s'il vous plaît?

—Ma foi, je ne suis guère en train aujourd'hui.

— Il faut pourtant bien en arriver là.

— Vous croyez qu'on sourit sans raison?

— Quand vous dansez la gargouillade, il me semble...

— C'est tout autre chose : à l'Opéra je fais mon métier, je suis bien sûre que mes jolis airs ne sont pas perdus.

— Qui sait s'ils seraient perdus ici?

— Vous m'y faites songer! ma foi, mon cher, faites-moi sourire, cela vous regarde.

— Si je vous racontais une méchanceté contre Sophie Arnould?

— Dites toujours.

— Non, ce n'est pas ce sourire-là qu'il me faut; car c'est la bouche de la Volupté que je veux peindre tout à l'heure.

— J'imagine que je n'ai pas la bouche grimaçante de la Vertu.

L'histoire n'a pas enregistré le reste de cette conversation entre le peintre et la danseuse. L'histoire saute toujours à pieds joints sur les moments critiques. Je ne pourrais dire ce qu'il advint entre l'artiste et la déesse; ce que je puis dire, c'est que, le lendemain, Fragonard, éperdument amoureux, espérait prendre une bonne séance; mais le lendemain, un prince, un duc, un marquis, un fermier général, que sais-je? vinrent demander audience à la Guimard. Le peintre eut le mauvais esprit d'être jaloux; il s'imaginait avoir des droits sur ce cœur volage; non seulement il fut jaloux, mais, pour achever le ridicule, il s'avisa de le dire à la danseuse.

— Jaloux! s'écria-t-elle; jaloux à propos de moi! voilà qui est trop original. Mon cher, vous me faites mourir de rire. Amoureux, passe encore, mais jaloux? quelle folie!

— Oui, je suis jaloux, dit le peintre avec dépit. Quand je fais tant que de devenir amoureux, ce n'est point pour une heure. Vous êtes à moi *et par droit de conquête et par droit de puissance.* Je vous aime, vous m'aimerez, vous me serez fidèle, ne fût-ce que pendant une semaine.

— Une semaine! vous ne savez pas ce que vous dites; jamais un de mes amants n'a affiché une telle prétention. Une semaine! c'est bien la peine d'être libre; autant vaudrait se marier. Vous avez voulu un sourire — pour faire un joli portrait, — n'ai-je pas souri?

— Oui, mais un sourire, ce n'est pas assez. Je veux...

La Guimard se leva fièrement, prit de grands airs de reine et dit à son peintre ordinaire :

— Vous voulez? Ce mot n'est pas connu ici, il n'est pas admis dans mon dictionnaire. Vous croyez donc avoir affaire à un *espalier* de l'Opéra? Je vous conseille, monsieur Fragonard, de ramasser vos pinceaux et d'aller peindre ailleurs. Bon voyage! Pour l'argent qui vous est dû, vous parlerez à mon intendant.

— Adieu, madame la déesse, dit le peintre avec dignité.

Il prit son feutre et s'inclina d'un air moqueur.

— Que les ris et les jeux vous accompagnent; soyez toujours fraîche et souriante. Mais, dites-moi, qui donc fera sourire ce portrait?

— Grâce à Dieu, monsieur Fragonard, je ne suis pas au bout de mes sourires.

— Rira bien qui rira le dernier.

Il partit très convaincu que la Guimard le rappellerait; car, se disait-il, qui trouverait-elle, si ce n'est Greuze, pour achever dignement ce portrait? Or, Greuze a bien autre chose à faire. Le lendemain, il se mit vingt fois à la fenêtre, croyant toujours entendre venir le carrosse de la danseuse. Elle ne le rappela point. Le bruit de sa disgrâce à peine répandu, trois ou quatre peintres s'étaient présentés pour terminer le salon, sinon le portrait. La danseuse avait choisi le pinceau le plus délicat et le plus coquet : c'était un autre élève de Boucher, créant des amours et semant des roses comme par enchantement. Peut-être n'avait-il pas toute la grâce de Fragonard, mais la danseuse, un peu habituée aux décors d'opéra, n'y regardait pas de si près. Elle se contenta si bien de son nouveau peintre, qu'elle lui ordonna d'achever le portrait.

— Je n'oserai jamais vous demander de poser pour le sourire.

— Osez toujours.

Le jeune peintre ne prit pas le sourire pour lui comme avait fait Fragonard, il le prit pour le portrait; il réussit tant bien que mal à peindre cette bouche qu'avaient chantée

Dorat et tous les madrigalistes du temps.

Cependant Fragonard, dont la passion n'était plus qu'une colère contrainte, ne se tint pas pour battu. Un jour, de plus en plus dominé par cette colère, il se hasarda jusque dans le temple de Terpsichore, résolu à tout braver, même l'altière danseuse. Comme il allait entrer, il vit sortir le carrosse de la déesse. Il entra sans façon; la valetaille, en pleine liberté, abandonnait son poste pour jaser dans le voisinage ou dans l'office. Fragonard, qui savait bien le chemin, n'appela personne pour guider ses pas dans ce labyrinthe d'amour où tout le monde trouvait du fil à retordre. Il arriva jusqu'au salon sans avoir fait la moindre rencontre. Le jeune peintre venait de passer au jardin, qui était un vrai jardin d'Armide. En entrant, Fragonard fut désagréablement frappé par le joli sourire du portrait qui était encore sur le chevalet.

— En vérité, elle est charmante, je n'aurais pas saisi plus de grâce et de volupté.

Il regardait avec quelque surprise ; le portrait semblait prendre vis-à-vis de lui un air moqueur. Il se promena un peu dans le salon en proie à mille idées de vengeance. Il y avait là une palette et des pinceaux ; sa vengeance est trouvée : il efface le sourire, ou plutôt, en trois ou quatre coups de pinceau, il en fait une grimace. Il trouve sur-le-champ l'expression de la colère et de la fureur sans nuire à la ressemblance du portrait. Jamais sacrilége ne fut plus soudainement consommé. A peine a-t-il donné le trait final, qu'il s'éloigne plus content que s'il eût produit une œuvre de maître. Il s'arrête avec terreur ; il a entendu le bruit d'un carrosse : c'est la Guimard qui revient avec deux amants et une amie, ce qui était plus rare. La danseuse, ravie de son portrait, a voulu juger du ravissement des autres.

Elle entre dans le salon toute victorieuse; Fragonard, éperdu, n'a que le temps de se blottir derrière le chevalet.

— Voyez, prince, voyez comme ce portrait...

La danseuse pâlit.

— Charmant, dit le prince de Soubise, qui n'avait pas encore vu.

— Voyons, reprit la Guimard, est-ce que je suis folle? est-ce que je ne vois plus clair?

— Très ressemblant, en vérité, ma chère amie, dit Sophie Arnould.

— Mais vous ne voyez donc pas? Vous voilà bien, vous autres, vous feriez des compliments aux trois Parques. Ce petit barbouilleur a tout gâté. Fut-on jamais défigurée à ce point!

— Qu'est-ce que tout cela veut dire? demanda le marquis de Bièvres.

— Je n'y comprends rien. Tout à l'heure je souriais avec toutes les grâces du monde, maintenant...

— Mais, ma chère, dit Sophie Arnould, je t'assure que tu ressembles beaucoup à ton portrait; c'est la même colère et la même fureur, vois plutôt dans cette glace. Qui sait si ce portrait n'a pas la vertu de changer de physionomie comme l'original?

— Ce qu'il y a de plaisant, dit le marquis en baisant la main de la danseuse, c'est que c'est là le seul portrait ressemblant que j'aie vu de ma vie. Voyez s'il n'a pas l'air d'éclater de colère; j'ai eu plus d'une fois l'insigne avantage de vous voir sous cette face de votre talent. Ne me parlez pas d'un portrait qui sourit, on sourit à tout le monde; le sourire est la plus émoussée des flèches de l'Amour, mais, vrai Dieu! on n'accorde qu'à bien peu de gens la faveur de se montrer dans sa colère.

L'histoire ne dit pas si le peintre effaça lui-même la grimace du portrait.

Cette aventure a eu sa seconde édition. Girodet avait fait le portrait de mademoiselle Lange, autre Guimard un peu moins brillante. La comédienne refusa le portrait, disant qu'il ne ressemblait pas. « Jamais on ne me reconnaîtra dans cette mauvaise figure. — Très bien, mademoiselle, je vais trouver le moyen de vous faire reconnaître. » Le peintre, irrité, se remit à l'œuvre. Il peignit mademoiselle Lange en Danaé; mais, au lieu d'une pluie d'or, c'était une pluie de petits écus qui parsemait le boudoir de cette autre Danaé. Dans un coin du tableau, un dindon faisait la roue. « Êtes-vous ressemblante, cette fois? dit le peintre, qui avait fort embelli son modèle.— Très ressemblante, » dit la comédienne, qui n'entendait rien aux allégories. Elle accrocha le portrait dans son salon, et, comme la Guimard, elle alla demander l'avis de ses camarades. — Très ressemblant, s'écria la joyeuse bande en éclatant de rire.

IV

Vous avez vu la Guimard à la cour et dans son palais, voulez-vous la voir à Longchamp le 29 mars 1768? Il faisait par hasard, ce jour de la sombre semaine sainte, le plus beau soleil de printemps. Toute la magnificence de Versailles et de Paris s'étalait splendidement à la promenade; mais, parmi tous les carrosses, le plus admiré fut celui de la Guimard traîné par six chevaux; c'était moins un carrosse qu'un char « digne, dit un journal, de contenir les grâces exquises de la moderne Terpsichore. » Rien ne manquait à cet équipage, ni les chevaux les plus fringants et les plus fiers, ni les peintures les plus jolies, ni les adorateurs les plus enthousiastes; rien n'y manquait, pas même les armes: au milieu de l'écusson on voyait un marc d'or d'où sortait un gui de chêne, les Grâces servaient de support, et les Amours couronnaient le cartouche. « Tout est ingénieux dans cet emblème, » ajoute le journal.

Ce n'était point assez pour mademoiselle Guimard d'avoir un temple à Paris; la reine avait des maisons de plaisance, la déesse de l'Opéra se fit bâtir une maison de plaisance à Pantin. Écoutez Bachaumont: « 12 décembre 1768. On parle beaucoup des spectacles magnifiques que donne, à sa superbe maison de Pantin, mademoiselle Guimard, si renommée par l'élégance de son goût, son luxe inouï, les philosophes, les beaux esprits, les gens à talents de toute espèce qui composent sa cour et la rendent l'admiration du siècle. C'est à qui, parmi nos bons auteurs, sera joué sur son théâtre et pour son amusement ; c'est à qui, parmi nos comédiens célèbres, jouera pour lui plaire. M. le prince de Soubise est toujours au rang des spectateurs. On n'est admis à ces fêtes qu'après avoir été admis à la cour. Les fêtes de Néron n'étaient pas à la hauteur de celles-ci. »

Entre autres raisons, mademoiselle Guimard était renommée pour ses soupers, qui étaient les plus merveilleux de Paris. Elle en donnait trois par semaine ; le premier, composé des plus grands seigneurs de la cour ; le second, de poëtes, d'artistes et de savants qui avaient mal soupé la veille chez madame Geoffrin ; le troisième n'était plus un souper, mais une orgie, composée de comédiennes de toute espèce et de gens de toute qualité. Ainsi, le mardi, cette danseuse trônait sans façon au milieu des plus beaux noms de la France ; le jeudi, elle avait une cour de savants qui lui parlaient de Sapho et de Ninon, d'artistes qui la peignaient sous toutes les faces (Boucher la métamorphosait en bergère, et Fragonard en Diane chasseresse), de poëtes comme Dorat et Marmontel, qui chantaient ses grâces de la même voix qu'ils chantaient la reine. Le samedi, elle se faisait déesse de la volupté, elle présidait au banquet de la folie.

Or, *les destins et les flots sont changeants*. Six mois après toutes ces merveilles, Bachaumont inscrit sur ses tablettes : « Mademoiselle Guimard, dont les talents pour la danse sont les délices de Paris, est à la veille de faire banqueroute ; elle a suspendu... ses fêtes. » Le prince de Soubise, ayant à se plaindre d'elle, parce qu'elle avait trois ou quatre soupirants de plus que de coutume, venait de supprimer la pension de mille écus par semaine qu'il lui servait depuis longtemps. « Et quand on songe, disait la célèbre danseuse avec dépit, qu'il ne me manque guère que quatre cent mille livres pour apaiser un peu mes créanciers ! » Bachaumont termine ainsi sa page sur ce grand événement qui occupait tout Paris. « On espère que quelque milord ou quelque baron allemand viendra au secours de Terpsichore. Nouvelle honte pour les Français si un étranger leur donnait cet exemple ! »

Nous ne sommes pas à la fin de l'histoire. Mademoiselle Guimard ne pouvait se consoler du départ du prince de Soubise ; dans sa douleur, elle se plaignait aux hommes qui papillonnaient à l'Opéra autour de ses grâces. Elle n'eut pas longtemps à se plaindre, elle avait dit un soir : « Si j'avais seulement demain cent mille livres ! » Le lendemain un magnifique carrosse attelé de deux chevaux s'arrête à son hôtel ; un personnage inconnu se présente devant la souveraine. « Mademoiselle, les cent mille livres sont là, dans mon carrosse ; il y a, en outre, trente mille livres pour l'imprévu.

— A merveille, monseigneur, s'écrie mademoiselle Guimard; je n'avais plus de chevaux, faites entrer les vôtres dans mes écuries. » Bachaumont ne manque pas d'inscrire cette aventure sur ses tablettes. Il ajoute : « On ne dit point encore le nom de ce magnifique personnage bien digne d'être inscrit dans les fastes de Cythère. On l'assure étranger, ce qui est injurieux pour la galanterie française. » Bachaumont aurait bien dû terminer ici, comme plus haut, par un point d'exclamation.

Ce personnage demeuré inconnu poussa la folie jusqu'à vouloir épouser mademoiselle Guimard. Jamais femme ne se montra aussi effrayée d'une pareille proposition. Il est vrai que l'amoureux, ne pouvant la décider de bon gré, voulut la contraindre un pistolet à la main. Elle ne trouva d'autre parti à prendre que d'envoyer ses puissants amis chez le lieutenant de police pour le prier de la mettre à l'abri d'une telle violence. Le lieutenant de police fut dans un grand embarras : si l'amoureux se portait à quelque extrémité envers la déesse de l'Opéra, tout Paris serait en révolution. Il se rendit en toute hâte chez mademoiselle Guimard. — « Quoi ! mademoiselle, il se trouve un insolent ?... — Oui, monsieur, un insolent qui a l'audace de me demander en mariage. Est-ce que je m'appartiens ? — Non, vous êtes à toute la France. Et comme pour vous marier il faudrait abandonner l'Opéra, le diable, ses pompes et ses œuvres... Ne vous effrayez pas, mademoiselle, nous veillerons sur vous. — Mais, monsieur le lieutenant de police, songez que ses pistolets sont chargés. C'est à peine s'il m'accorde six semaines pour me décider à ce parti extrême. — Comptez sur nous; dans six semaines cet homme mal élevé sera privé de vous voir même à l'Opéra. » On assure, dans les gazettes du temps, que ce fou étrange, qui voulait se marier avec tant d'obstination, reçut l'ordre de retourner en Allemagne pour avoir osé prétendre à la main de mademoiselle Guimard !

Le prince de Soubise lui revint bientôt, plus éperdument amoureux que jamais ; il se montra même jaloux au point que M. de Bordes, qui s'était ruiné pour le plaisir d'être le chef d'orchestre et le maître de chapelle de la danseuse, fut invité à ne se plus présenter chez elle après le soleil couché.

Ici, en forme de pièces justificatives, ne puis-je pas reproduire, à l'orthographe près, ces deux lettres inédites, la première au prince de Soubise, la seconde à M. de Bordes :

« SEIGNEUR ET MAITRE,

« Est-ce donc là, cruel, le prix de tous mes

sacrifices? Qu'ai-je fait pour vous, ou plutôt que n'ai-je pas fait? Quoi, vous parlez de m'abandonner! Est-ce que je pourrai vivre sans vous, car ne m'avez-vous pas habituée à des dépenses royales? C'était bien la peine de vous sacrifier des lords et des barons qui voulaient se ruiner pour moi. Cher Soubise, croyez-le, je vous ai aimé, je vous aime encore, je vous aimerai toujours, comme dit la chanson. Vous avez beau faire, je ne crois pas un mot de votre lettre, ni vous non plus, vous n'y croyez pas. Vous avez voulu vous rire de mes chagrins; soyez content, j'ai pleuré. Oui, j'ai pleuré, et vous savez que je ne suis pas une fontaine de larmes. Quels sont vos griefs? Ne me suis-je pas faite l'esclave de vos caprices? Un soir, souvenez-vous-en, vous avez voulu (j'allais m'endormir) que je danse une gargouillade dans le plus simple appareil: c'était ridicule pour moi plus encore que pour vous, pourtant j'ai dansé. Est-ce que vous seriez jaloux de quelqu'un? Votre rang ne vous met-il pas au-dessus de ce préjugé? D'ailleurs, vous le savez, si je danse pour tout le monde, mon cœur ne danse que pour vous. Vous voyez M. de Bordes d'un mauvais œil, vous avez bien tort; M. de Bordes n'est pas un homme, c'est un musicien. M. Marmontel vous offusque; un poëte? Allons donc! Nous ne rimons pas ensemble. Pour en revenir à M. de Bordes, n'oubliez pas que pour vous plaire je lui ai défendu ma porte une fois le soleil couché; je lui avais même signifié un congé en bonne forme, mais le pauvre homme en serait mort de douleur; il est venu, il s'est jeté à genoux, il a pleuré comme un enfant; moi, tout attendrie, j'ai éclaté de rire, et je ne me suis sentie assez barbare pour le chasser, car il m'avait dit : Chassez-moi comme un chien, si vous voulez ne plus me revoir. Vous êtes bien difficile à vivre, mon cher Soubise. Si vous saviez comme ce pauvre homme jouait bien du violon! Rien que d'y penser, voilà mes pieds qui commencent un entrechat. N'en parlons plus, je sens que je redeviens triste. Venez me voir, je n'ai plus de cœur à rien; je suis capable de me porter à quelque extrémité. Croyez-vous que je pense quelquefois à me cacher dans un couvent? Ah! cruel, comme il me serait plus doux de me cacher dans tes bras!

« G... »

« *P. S.* Si vous ne voulez pas venir me voir, venez au moins chercher vos lettres et votre bourse. Hélas! votre bourse est comme votre cœur : il n'y a plus rien dedans. »

« Mon cher Orphée,
« Je vous avais bien dit que le prince se fâ-

chait; le voilà qui vous prend au sérieux. Tu comprends, mon cher, que ton cœur n'est pas inépuisable comme la bourse de Soubise. Ainsi, restons-en là; remettons notre amour à des temps meilleurs. En attendant, cherche à te consoler; et comme je t'ai peut-être un peu ruiné, je viens de t'inscrire pour une pension de 1,200 livres pour tes menues dépenses. Pour le reste, je suis tranquille, tu es un homme trop bien élevé pour ne pas dîner et souper en ville. D'ailleurs, un homme qui joue si bien du violon n'est jamais en peine. Dans nos vieux jours, si la fortune nous tourne le dos, nous réunirons nos talents et nos misères. Il faut s'attendre à tout, c'est la loi du sage; mais, dans la crainte de bien parler, comme je n'y suis pas habituée, je dépose la plume.

« G... »

Le prince de Soubise était redevenu le très humble serviteur de toutes les fantaisies de la danseuse. Elle voulut avoir un droit de chasse, pour sa table et pour ses amis, dans les plaisirs du roi. Le prince, capitaine des chasses royales, lui accorda un des meilleurs cantons. Elle se fit peindre en Diane chasseresse, elle s'amusa à délivrer aux plus grands seigneurs des permis de chasse.

A la réouverture de son théâtre de ville, elle trouva de grands obstacles dans le duc de Richelieu et l'archevêque de Paris ; mais, comme elle avait plus d'amis que ces deux grands personnages, elle parvint à rouvrir. On devait donner *la Vérité dans le vin*, l'archevêque obtint cependant que cette pièce ne serait point représentée. « Il paraît, dit la danseuse, que monseigneur ne veut pas que la vérité sorte du tonneau plus que du puits. »

Peu de jours après, elle daigna danser dans

un petit ballet donné au roi. Le roi lui offrit une pension de quinze cents livres : « J'accepte, dit-elle, à cause de la main dont elle vient; car, ajouta-t-elle en s'éloignant du roi, c'est une goutte d'eau dans la mer. C'est à peine de quoi payer le moucheur de chandelles de mon théâtre. »

Si vous voulez pénétrer dans les mystères de l'Opéra au xviiie siècle, daignez jeter encore un regard sur cette épître à mademoiselle Guimard et aux sirènes de cette mer toute pleine de dangers. C'est un effrayant tableau des mœurs de la cour et de la ville en 1775, signé par *un Turc, de toutes les académies mahométanes.* « Ce n'est qu'avec admiration que j'envisage le haut point de gloire où vous et vos compagnes êtes parvenues. Nous ne sommes plus, heureusement, dans ces temps de barbarie où la vertu sévère régnait à l'ombre des lois. La douce licence, sous le nom de liberté, a ouvert enfin la carrière à nos vastes désirs; vous triomphez, divines enchanteresses, et vos charmes séducteurs ont changé la face de la France. Nos palais, nos hôtels, ne sont plus aujourd'hui que la triste retraite du lugubre hymen, où d'indolentes épouses languissent dans l'ennui, sous la garde d'un suisse chamarré, qui, comme le marbre de sa porte, n'indique que l'hôtel du maître et la prison de sa triste moitié, tandis que la sémillante jeunesse, en foule dans vos petites maisons, y fixe l'amour et les jeux, et vos petits soupers font partout le désespoir des grands. Souveraines des modes, n'est-ce pas vous encore qui les donnez? Votre goût en décide; vos plumes toisées deviennent la mesure commune. Telle n'ose vous imiter en grand qui s'étudie à son miroir à vous copier en détail pour plaire ou prendre de plus beaux modèles. Siècle divin, qui fais fouler aux pieds les préjugés, les lois, et qui confondant tous les états, tous les âges, consacres tous les excès, tu seras à jamais célèbre dans l'histoire ! C'est à vous et à vos amies que l'on doit cette heureuse révolution dans nos mœurs; à vous toutes en est la gloire, et vous en jouissez. Soit que, traînées dans des chars élégants, vous embellissiez les boulevards poudreux, soit que, nymphes emplumées, la tête échafaudée et couverte de mille pompons, vous éclipsiez, dans une première loge, la modeste citoyenne, ou qu'au monotone Colysée, le front levé, l'œil assuré, vous étaliez vos grâces et fixiez sur vos pas une foule empressée, tous les regards ne sont-ils pas tournés sur vous? Moderne Panthéon, tu réunis toutes nos divinités et tous nos hommages! Vos priviléges, déités du jour, sont aussi grands que sacrés, et comment ne le seraient-ils pas? Depuis cette heureuse révolution, rien ne vous arrête. Plus d'obstacles! L'hymen, tourné en ridicule, ose à peine se montrer; vous paraissez publiquement dans les voitures de vos amants, vous portez leurs livrées, leurs couleurs, souvent les diamants de leurs épouses; vos petites maisons s'élèvent partout des débris des grandes, et forment, par leur nombre, dans les faubourgs de la capitale et sur les boulevards, une espèce d'enceinte, de circonvallation, qui, la tenant bloquée, vous en assurent à jamais l'empire. Vous prenez le plaisir en général pour but, tous les hommes pour objet, et le bonheur public pour fin de vos sublimes spéculations. Oui, mesdemoiselles, vous êtes le véritable luxe, essentiel à un grand État, l'appât puissant qui lui attire les étrangers et leurs guinées : vingt modestes citoyennes valent moins au trésor royal qu'une seule d'entre vous; aussi êtes-vous hors de tous les rangs, à côté de tous les états, et les femmes par excellence de tous les hommes. »

En 1777, mademoiselle Guimard menait encore le même train de vie ; écoutez un journal.

« 12 octobre. La parodie de l'opéra *Éruclide*, jouée chez mademoiselle Guimard, l'a été une seconde fois à Choisy, la veille du départ pour Fontainebleau. Le roi en a été si content, qu'il a donné une pension à l'auteur, Despréaux, danseur de l'Opéra. On peut juger par cette faveur combien sa majesté a encore l'ingénuité du bel âge et aime à rire. » Ce bon Louis XVI !

« 1ᵉʳ décembre. On a encore donné lundi, chez mademoiselle Guimard, la même parodie. On a commencé sur les dix heures, devant la plus auguste assemblée, composée de plusieurs ministres et d'un nombre de grands du royaume. »

Je vous le demande, qu'y avait-il de plus

à la cour, si ce n'est un roi ennuyeux ?

En 1779, on retrouve mademoiselle Guimard conduisant une révolution à l'Opéra, plus grave encore que celle des jupons courts, qui eut lieu sous la Camargo. Il s'agissait d'interdire la maternité aux danseuses. « C'est mademoiselle Guimard qui a empêché les partis violents, et qui disait, dans les assemblées : Surtout, mesdames et messieurs, point de démissions combinées, c'est ce qui a perdu le parlement. »

Vers 1780, mademoiselle Guimard tombe à peu près dans l'oubli. Çà et là, les gazettes parlent en passant de sa piquante façon de danser au théâtre, et de pirouetter dans la vie. Mais c'est un sujet passé de mode; on cesse de se ruiner pour ses caprices, elle est trop connue de toutes les manières pour exciter encore la curiosité. Ainsi va la renommée : on la regarde venir avec ardeur; on jette des branches de laurier sur son chemin et des couronnes d'immortelles sur son front. Une fois venue, on ne la traite plus que comme un vieil ami qui ne vous apprend rien de nouveau. On la voit partir sans regret, à peine si on prend le temps de lui dire adieu.

Que devint la Guimard après ses fabuleux triomphes? Ces bohémiennes de l'Opéra apparaissent sans dire d'où elles viennent et disparaissent sans dire où elles vont. S'éteignit-elle en silence à la porte d'une église, comme une de ses brillantes compagnes? Garda-t-elle pour mourir un peu de sa scandaleuse fortune et de sa triste gloire? Se réveilla-t-elle effrayée comme Fragonard, son peintre ordinaire, dans un autre monde, c'est-à-dire sous la république une et indivisible? Ce qu'on peut dire sans doute, c'est qu'elle mourut seule, sans emporter une larme ni un regret, ni un souvenir, si ce n'est celui des enfants prodigues qu'elle avait ruinés. Cependant, comme Dieu n'oublie pas les aumônes faites à deux mains, la main de la fortune et la main du cœur, il lui sera beaucoup pardonné là-haut. Faire l'aumône, c'est faire pénitence, c'est se souvenir de Dieu, c'est prendre le chemin du ciel.

J'aurais voulu toujours ignorer la fin de cette destinée galante. Or, celle qui se disait la rivale d'une reine et qui luttait de magnificence avec un roi; celle qui, en sa qualité de déesse, trouvait le mariage trop au-dessous d'elle, finit par épouser, au lieu d'un prince allemand, le sieur Despréaux, *professeur de grâces au Conservatoire*, près de qui elle mourut silencieusement en 1846, dans un vertueux intérieur du Marais!

LA
MARCHANDE DE CERISES

Boucher est né à l'heure où mourait Bossuet; il ne restait plus que des vestiges du grand règne. Fontenelle seul, ce pressentiment du xviii° siècle, se montrait debout grand comme un nain sur la tombe de Corneille, du Poussin, de Molière, de Lesueur et de La Fontaine. La France était épuisée par ses magnifiques enfantements; les saintes mamelles de la mère-patrie étaient presque desséchées, quand Boucher y suspendit ses lèvres. Qui le croirait cependant? Boucher fut une des plus saisissantes expressions de tout un siècle. En effet, durant cinquante ans, le xviiie siècle ne fut-il pas, comme Boucher, folâtre, riant de tout, courant du caprice à la moquerie, s'enivrant de légers mensonges, remplaçant l'art par l'artifice, vivant au jour le jour, sans souvenirs, sans espérances, dédaignant la force pour la grâce, éblouissant les autres et lui-même par des couleurs factices? Quand la poésie et le goût s'égaraient si volontiers avec l'abbé de Voisenon et Gentil-Bernard, quand la musique chantait par la voix de Philidor, qui s'étonnera que la peinture ait joué avec le pinceau de Boucher?

Ce peintre est né à Paris en 1704. A voir un de ses tableaux, on sent tout de suite qu'il a habité les pierres et non les champs. Il n'a jamais pris le temps de regarder ni le ciel, ni la rivière, ni la prairie, ni la forêt; on se demande même s'il a jamais vu sans prisme un homme, une femme ou un enfant tels que Dieu les fait. Boucher a peint un nouveau monde, le monde des fées, où l'on aime et où l'on sourit d'une autre façon qu'ici-bas. C'est un enchanteur qui nous distrait, nous charme et nous éblouit aux dépens de la raison, du goût et de l'art; il rappelle un peu ce vers du cardinal de Bernis, digne poëte d'un tel peintre :

A force d'art, l'art lui-même est banni.

Il y avait eu des peintres du nom et de la famille de Boucher : un entre autres qui a laissé de merveilleux dessins à la sanguine sur des sujets mythologiques. Celui-là fut le maître de Mignard; Mignard donna des leçons à Lemoine, Lemoine à Boucher, de sorte que ce peintre put recueillir les traditions de son bisaïeul. Par malheur il eut le mauvais esprit de ne prendre à la tradition que ce que lui avaient ajouté de faux Mignard et Lemoine.

Les biographes disent qu'il était né peintre. Pour les biographes, un peintre célèbre ou un poëte illustre est toujours né peintre ou poëte. Le moyen de les démentir ? Boucher n'a jamais eu la ferveur d'un artiste sérieux, il n'a jamais sacrifié à la religion de l'art. Il est devenu peintre sans plus de façon que s'il fût devenu journaliste. C'était le beau temps où Voisenon se faisait prêtre en écrivant des opéras. La foi manquait à tout le monde, dans les arts, dans les lettres, au pied de l'autel, jusque sur le trône. Louis XV croyait-il à la royauté? Mais comment accuser Boucher? Ne se fût-il pas couvert de ridicule s'il eût été un artiste sérieux, étudiant avec patience, pâlissant sous les grands rêves? Il aima mieux être de son siècle, de son temps et de son âge. Il commença par être jeune, par jeter au premier vent venu toutes les roses de ses vingt ans ; il eut deux ateliers : l'un, c'était celui de Lemoine; l'autre, le plus hanté, c'était l'Opéra. Boucher n'était-il pas là sur son vrai théâtre ? N'était-ce pas à l'Opéra qu'il trouvait ses paysages et ses figures? Paysages d'opéra, figures d'opéra, sentiments d'opéra, voilà presque Boucher. Les deux ateliers contrastaient singulièrement : dans le premier, Lemoine, grave, triste, dévoré d'ennui et d'orgueil, mécontent de tout, de ses élèves et de lui-même; dans le second, tout le riant cortége des folies humaines, l'or et la soie, l'esprit et la volupté, la bouche qui sourit et la jupe qui vole au vent. C'était le beau temps où Camargo trouvait ses jupes trop longues pour danser la gargouillade. Pour voir de plus près toutes ces merveilles,

Boucher demanda la grâce de peindre un décor. Il ramassa le pétillant pinceau de Watteau pour créer à grands traits des nymphes et des naïades. Carle Vanloo vint se joindre à lui ; en peu de temps ils se rendirent maîtres de tous les décors et de tous les espaliers (c'était le nom des choristes du temps).

Il florissait alors, dans le monde et hors du monde, un cercle de beaux esprits comme le comte de Caylus, Duclos, Pont de Veyle, Maurepas, Montcrif, Voisenon et Crébillon le gai ; Collé et quelques enfants prodigues de la bourgeoisie y avaient leurs entrées, grâce à leur esprit ou à leur gaieté. C'était le jockey-club ou la jeune académie du temps. On y faisait sur toutes choses des couplets et des complaintes en forme de gazette qui couraient la ville et la cour, des parades qui se jouaient dans les salons et en plein vent, des contes licencieux qu'on se passait comme des nouvelles à la main. C'était de la vraie littérature d'opéra ; aussi Boucher fut accueilli avec faveur dans la société de *ces messieurs* ; c'était le nom qu'ils prenaient. Plus tard d'Alembert jugea *ces messieurs* un peu durement en disant de leurs œuvres communes : « C'est une crapule plutôt qu'une débauche d'esprit. » Duclos, le représentant de cette académie de mauvais goût, était peint ainsi par madame de Rochefort, en ce qui touchait les passions du cœur ; il parlait du paradis que chacun se fait ici-bas à sa manière : « Pour vous, Duclos, voici de quoi composer le vôtre quand vous êtes amoureux : la première venue. » Ce portrait pouvait s'appliquer à Boucher et à tous les membres du cercle.

Au lieu de suivre pas à pas une biographie toute parsemée d'anecdotes galantes plus ou moins curieuses, j'aime mieux reproduire une aventure qui montre Boucher au plus beau temps de sa vie, cherchant l'art et l'amour dans la vérité, les fuyant dès qu'il les a trouvés pour retomber plus avant dans le mensonge de l'art et de l'amour. Non, je ne vous raconterai pas toutes les folâtreries de Boucher à l'Opéra, ces épanouissements de gaieté licencieuse où le cœur n'était pour rien. C'est là un thème suranné ; tous les faiseurs de mémoires ont passé par là, cette raison seule doit nous en détourner. A quoi bon d'ailleurs évoquer l'ombre de ces amours sans feu ni lieu, sans foi ni loi, qui ne lançaient que des flèches émoussées ? Suivons donc Boucher dans ces jours rares où son cœur fut en jeu, où son talent devint presque sévère. Il est bon d'être jeune et de rire, mais quoi de plus triste qu'un homme qui rit toujours ?

Boucher se dégoûta lui-même assez vite de l'Opéra ; ces semblants de peinture qu'il créait comme par magie pour décorer *Castor et Pollux*, de Rameau et de Gentil-Bernard; ces semblants d'amour qu'il cueillait, — roses fanées sans épines, et Dieu sait tout ce que vaut une épine qui défend une rose! — ces semblants de peinture et d'amour l'avaient égaré, ébloui, enchanté tant que la main blanche de la jeunesse sema avec une folle ardeur des primevères odorantes sur son chemin. Mais la jeunesse la plus riche et la plus prodigue est aussi la plus vite épuisée : Boucher s'éveilla un matin triste et désenchanté, sans savoir pourquoi. Il finit par comprendre qu'il avait jusque-là profané son cœur et son art, qu'il venait de perdre ainsi toute l'aurore éblouissante de sa vie. Il releva la tête avec un reste de fierté native. « Il est toujours temps de bien faire, » dit-il un jour à son maître, dont il ne suivait plus les leçons que de loin en loin. De son boudoir il fit un atelier, il retourna toutes les galantes ébauches appendues de toutes parts : l'amour oiseleur, l'amour moissonneur, l'amour vendangeur, vous devinez tout ce gai et sémillant poëme où l'amour n'a pas le temps de soupirer. Il ferma sa mythologie mille fois entr'ouverte : il acheta une Bible ; mais, s'il avait lû la mythologie avec ferveur, il eut à peine la force de feuilleter la Bible et d'y promener un regard distrait. Par malheur pour lui, il savait la mythologie par cœur, Cupidon lui cachait l'enfant Jésus, les amours lui cachaient les anges, les nymphes de Vénus lui cachaient les vierges du paradis. Cependant il ne se découragea pas du premier coup. Il persista à feuilleter le livre des livres, il vit Rachel à la fontaine ; le malheureux peintre prédestiné ! il se rappela tout de suite Vénus au bain et Camargo qui posait souvent pour les faiseurs de Vénus. Il ferma la Bible, se disant que, pour oublier les minois chiffonnés de l'Opéra, il fallait tout simplement voir des figures naïves ; mais où les trouver alors, à moins de les prendre au berceau ? Qui sait ? le travail est un noble préservateur ; peut-être, en descendant chez le peuple, il retrouvera quelque figure évangélique où l'esprit ou plutôt le démon du siècle n'aura point passé, une figure digne de lui faire comprendre la grande simplicité de la Bible. Boucher chercha donc des inspirations en plein vent, résolu de traverser la grande ville dans tous les sens, résolu même d'aller, s'il le fallait, étudier en pleine campagne, sous le soleil de la prairie ou à l'ombre de quelque sainte église de village. Durant près de trois semaines, il vécut seul ; il finit par se délivrer peu à peu, lambeau par lambeau, de tous ses mordants souvenirs d'Opéra. « Que fais-tu donc ? lui demanda un jour le comte de Caylus. — Je fais pénitence, » répondit-il d'un air distrait.

La volonté est la souveraine maîtresse du monde. Un homme de bonne volonté peut tout conquérir : une vertu sauvage, une gloire inespérée, le génie même, cette échelle du ciel que Dieu n'accorde çà et là que pour joindre le ciel et la terre, sauf à la briser quand l'homme monte trop vite ou trop lentement. A force de volonté, qui le croirait? Boucher jeta un voile sur le passé, il brisa les prismes trompeurs qui l'aveuglaient sur ce monde, il découvrit un autre horizon, une nouvelle lumière. C'est qu'une fille de son voisinage, que jusque-là il avait à peine remarquée, tant sa candeur sublime lui semblait niaise et fade, lui apparut tout d'un coup belle de la souveraine beauté, cette beauté qui est l'image du ciel.

Son atelier ou son boudoir était rue de Richelieu. Non loin de là, dans la rue Sainte-

Anne, il passait presque tous les jours devant la boutique d'une fruitière; sur le seuil de la porte, une fille lui apparaissait souvent sans trop le frapper, quoiqu'elle fût belle, simple et touchante. Séduit par les mines de Camargo, pouvait-il être sensible à une si douce et si chaste beauté? Un jour, après trois semaines d'austère solitude, il s'arrêta émerveillé devant la boutique de la fruitière. C'était au temps des cerises. Des paniers fraîchement cueillis alléchaient les passants par leurs couleurs charmantes; des tresses de feuillage cachaient à moitié le fruit encore un peu vert. Mais ce ne fut pas pour les cerises que s'arrêta Boucher. A son passage, la fille de la fruitière, bras nus, cheveux dénoués, servait une voisine. Il fallait la voir prendre délicatement des cerises d'une main délicate, les passer sans autre balance dans le giron de la voisine, accorder un divin sourire pour les

quatre sous dont on la payait. Le peintre eût
donné quatre louis pour les cerises, pour la
main qui les servait, et surtout pour le divin
sourire. Quand la voisine se fut éloignée, il
avança de quelques pas sans trop savoir ce
qu'il allait dire. Il était passé maître en l'art
de la galanterie ; pas une femme qu'il ne sût
attaquer par le bon côté, de face, de profil
ou en lui tournant le dos ; il avait été à bonne
école ; depuis longtemps il s'était dit, comme
plus tard Danton à propos des ennemis : « De
l'audace, de l'audace et encore de l'audace. »
Il avait raison ; traiter une femme en ennemi
n'est-ce pas la vaincre ? Cependant d'où
vient que Boucher, ce jour-là, perdit toute sa
force et toute son audace, à la vue de cette
jeune fille si faible et si simple ? C'est que la
force ne s'éveille que devant la force. Le
serpent qui perdit Ève ne vint la surprendre
dans sa faiblesse que parce que l'esprit du

mal ne connaissait pas encore les femmes.

Boucher, qui s'était avancé résolument comme un homme qui est sûr du but, franchit, tout pâle et tout ému, le seuil de la fruitière, fort en peine de dire quelque chose de raisonnable. La jeune fille le regarda avec tant de calme et de sérénité, qu'il reprit un peu de raison.

— Mon Dieu, mademoiselle, ces cerises sont si fraîches, qu'elles m'ont séduit au passage.

— Combien en voulez-vous, monsieur?

— Tout ce qu'il vous plaira; je passerais ma vie dans ce monde et dans l'autre à voir cette belle et blanche main me servir des cerises.

— Ce serait bien long, surtout pour moi qui ne m'amuse pas trop à ce métier; cueillir des cerises, passe encore, mais les vendre! Combien en voulez-vous, monsieur?

— Attendez, dit Boucher un peu enhardi, laissez-moi vous dire que vous êtes belle, et que je serais ravi de faire votre portrait.

— Ah! vous êtes donc peintre? C'est bien la peine de faire mon portrait. Ma belle-mère trouve que c'est déjà trop de l'original, et tout le monde est de l'avis de ma belle-mère.

— Excepté moi et quelqu'un encore.

— Qui donc? demanda la jeune fille avec curiosité.

— Vous-même, et peut-être quelqu'un encore.

— Je ne comprends pas.

— Je me trompais, dit Boucher, qui avait vu toute la candeur de Rosine dans sa surprise.

A cet instant, une femme encore verte, quoique sur le déclin de la jeunesse, sortit de l'arrière-boutique d'un air assez grimaçant.

— Pourquoi tous ces discours-là ? demanda-t-elle en maîtresse de maison et en belle-mère.

— Pour la chose du monde la plus simple, répondit Boucher ; je viens acheter des cerises : je n'ai pas d'argent, mais j'offre de les payer par un portrait.

— Mon portrait ? dit la belle-mère en s'épanouissant.

C'était une coquette sur le retour qui ne manquait pas d'une certaine beauté brutale.

— Oui, votre portrait, dit le peintre en s'inclinant avec grâce ; mais auparavant, madame, je veux faire celui de votre fille, ma main sera plus sûre pour faire le vôtre.

— Merci, merci, dit la fruitière piquée ; payez vos cerises, et que tout soit dit.

— Cependant, ma mère, dit Rosine, nous ne serions pas fâchées d'avoir notre portrait à si bon compte.

— Et encore, dit Boucher pour appuyer cette réflexion naïve, je vous donnerai les cadres par-dessus le marché.

La belle-mère se laissa séduire; le peintre demanda une poignée de cerises, les mangea avec un certain charme en songeant que Rosine les avait touchées de ses jolis doigts, inscrivit sa demeure avec de la craie sur un mur de la boutique, et, saluant la belle-mère avec grâce et Rosine avec admiration, alla se promener par la ville.

Le lendemain, vers midi, la fruitière et Rosine vinrent à l'atelier. Grande fut leur surprise quand elles virent toutes les folles richesses éparpillées dans cette curieuse demeure d'un artiste insouciant qui prenait l'argent d'une main pour le répandre de l'autre. La fruitière croyait trouver un pauvre diable dans son grenier, se chauffant au soleil et vivant de miettes comme Lazare. — Je me suis trompée, dit-elle en s'excusant, et puisque vous êtes un homme d'honneur, je vous confie ma fille.

Vous comprenez que Boucher n'eut garde de la retenir; il fit asseoir la jeune fille sur un divan, tailla son crayon, et se mit à l'œuvre de l'air du monde le plus grave. Rosine avait la beauté qui s'ignore, celle qui touche plutôt qu'elle ne séduit. Il y avait dans la pureté de son profil un doux souvenir des lignes antiques. Elle était brune, mais sa chevelure prenait à la lumière ces belles teintes dorées qui charmaient le Titien; ses yeux étaient d'une couleur vague, comme le ciel à certaines soirées d'automne; sa bouche, un peu grande peut-être, avait une divine expression de candeur, « une expression, disait Boucher, que Rosine gâtait en parlant, plutôt par les paroles que par le mouvement des lèvres. Aussi, les heures les plus douces que j'ai passées avec elle étaient les plus silencieuses; j'aimais toujours ce qu'elle allait dire, et presque jamais ce qu'elle disait. »

L'artiste avait été séduit avant l'homme. Boucher avait commencé par voir un divin modèle ; mais, tout épris de son art qu'il était alors, il finit bientôt par ne plus guère voir qu'une femme en Rosine. Son cœur, qui n'avait jamais eu le loisir d'aimer dans la cohue des passions plus que profanes de l'Opéra, sentit qu'il n'était pas stérile; les fleurs de l'amour s'y montrèrent sous les flammes de la volupté. Boucher devint amoureux de Rosine, non pas en homme qui se fait un jeu de l'amour, mais en poëte qui aime avec les larmes dans les yeux ; amour tendre, pur, digne du ciel, où il s'élève et d'où il est descendu. Rosine aima Boucher. Comment ne l'eût-elle pas aimé, celui qui lui disait deux fois qu'elle était belle, une fois avec ses lèvres et une fois avec son talent? car Rosine ne se reconnut vraiment belle qu'en voyant la tête de vierge que le peintre avait créée d'après celle de la jeune fille. Qu'arriva-t-il? Vous le devinez : ils s'aimaient, ils se le dirent. Un jour, après de trop tendres regards, le pinceau tomba des mains de l'artiste! la jeune fille baissa les yeux...

— Ah! pauvre Rosine, s'écrie Diderot en y pensant plus tard, que ne vendiez-vous des cerises ce jour-là!

La vierge qui devait être le chef-d'œuvre de Boucher n'était point achevée; la figure était belle, mais le peintre n'avait pas encore pu y répandre le divin sentiment qui fait le charme d'une telle œuvre. Il espérait, il désespérait, il se recueillait et regardait Rosine; enfin il était à cette barrière fatale, la barrière du génie, où s'arrêtent les talents sans force, — que çà et là le hasard fait franchir à ceux qui osent. Son amour pour l'art ou pour Rosine n'avait pu élever Boucher au-delà; le sentiment biblique ne l'avait pas détaché des choses d'ici-bas, et, adorant la vierge Marie en Rosine, il adorait aussi, le profane! une nouvelle maîtresse. La conversion n'était pas complète. Il hésitait entre l'amour divin, qui espère, et la volupté terrestre, qui se souvient; entre l'art sévère, qui touche par la grandeur, et l'art souriant, qui séduit par la grâce. Il en était là de son œuvre, quand une nouvelle figure vint changer le cours de ses idées.

Il y avait quinze jours que Rosine posait, il n'y en avait pas deux que, sur un regard de la jeune fille, le peintre avait laissé tomber son pinceau. C'était un matin, vers onze heures; Boucher préparait sa palette, Rosine dénouait sa chevelure.

— Savez-vous, lui disait-elle, que ma belle-mère commence à perdre patience?... Savez-vous que je m'habitue trop doucement à venir ici?... Savez-vous...

— Je sais tout cela, répondait Boucher d'un air distrait et d'un ton un peu brusque.

On sonna à la porte de l'atelier; Rosine alla ouvrir, comme si elle eût été de la maison.

— Monsieur Boucher? demanda une jeune fille ou une jeune femme qui franchit en rougissant le seuil de la porte.

— Qu'ai-je à faire pour vous? dit Boucher en regardant dans une glace la nouvelle venue.

— Diable! poursuivit-il comme en se parlant à lui-même, elle est bien jolie!

Il fit un pas à sa rencontre.

— Monsieur Boucher, je suis une pauvre fille sans pain. Si je n'avais pas ma mère malade et dénuée de tout, je parviendrais à vivre de mon aiguille; mais, pour ma mère, je me résigne à devenir modèle. On m'a dit que j'avais une jolie main et une figure passable;

voyez, monsieur, croyez-vous que je puisse poser pour quelque chose?

L'inconnue avait dit tout cela avec un air de trouble indéfinissable; mais ce qui frappa surtout le peintre pendant qu'elle parlait, ce fut sa beauté coquette et séduisante. Adieu la Bible, adieu Rosine, adieu l'amour simple et grand. La nouvelle venue venait d'apparaître aux yeux de Boucher comme la fantaisie qu'il avait rêvée jusque-là. C'était bien cette muse, moins belle que jolie, moins touchante que gracieuse, qu'il avait recherchée avec tant d'ardeur. Il y avait dans cette figure ce qu'on trouve au ciel et à l'Opéra, un souvenir de la divinité transmis par le démon, ce qui agite du même coup le cœur et les lèvres, enfin ce je ne sais quoi qui charme et qui enivre sans élever l'âme dans les splendeurs du rêve. Elle était vêtue en simple fille du peuple, ce qui contrastait un peu avec la délicatesse de ses traits et de ses mouvements. Boucher, quoique assez bon physionomiste, ne découvrit ni art ni étude dans cette beauté; elle masquait l'art et l'étude par de grands airs d'innocence. Il s'y laissa prendre. Qui s'en étonnerait, en songeant qu'il avait cru trouver la nature à l'atelier de Lemoine ou à l'Opéra? Rosine était sa première leçon sérieuse, c'était la nature dans toute sa majesté naïve et vraie; mais les instincts du peintre, instincts trompeurs ou viciés, ne pouvaient l'élever jusque-là. En voyant venir l'inconnue, il crut retrouver une figure de connaissance, une figure qu'il aurait vue dans un autre pays, ou même dans un autre monde. Aussi, quoiqu'elle fût vêtue en fille du peuple, il l'accueillit comme une amie.

— Quoi! mademoiselle, lui dit-il d'un air d'admiration, vous dites que vous êtes passablement belle? dites donc passionnément.

— Point du tout, dit-elle avec le plus joli sourire du monde.

— En vérité, mademoiselle, vous venez à propos ; je cherchais un beau sentiment à répandre sur cette vierge ; peut-être vais-je le trouver chez vous. Inclinez un peu la tête sur le cœur, posez la main sur ce fauteuil. — Vous, Rosine, détournez le rideau rouge.

Boucher ne vit pas le regard douloureux que lui lança la jeune fille ; elle obéit en silence, tout en se demandant si elle n'était plus bonne qu'*à détourner le rideau*. Elle alla s'asseoir dans un coin de l'atelier pour voir tout à son aise et sans être vue celle qui venait troubler son bonheur. Mais à peine était-elle sur le divan, que Boucher, qui aimait la solitude à deux, lui conseilla de retourner chez sa belle-mère, tout en lui recommandant bien de venir le lendemain de bonne heure. Elle sortit sans dire un mot, la mort dans le cœur, pressentant qu'elle serait oubliée pour celle qui restait en tête-à-tête avec son amant. Elle essuya ses larmes au bas de l'escalier. — Hélas! que va dire ma belle-mère en me voyant si triste? — Elle se promena dans la rue pour donner à sa tristesse le temps de s'évanouir. — D'ailleurs, reprit-elle en attendant un peu, je la verrai descendre à son tour; je pourrai découvrir ce qui se passe dans son cœur. C'est décidé, je veux l'attendre.

Elle attendit. Plus d'une heure se passa; le modèle posait pour tout de bon. Boucher gâtait à plaisir sa belle figure de vierge en voulant y mêler deux types.

Enfin la jeune fille sortit de l'allée avec un certain embarras, comme si elle eût commis une mauvaise action. Il avait plu dans la matinée, la rue était presque impraticable pour de jolis pieds. L'inconnue s'enfuit légère comme une chatte du côté du Palais-Royal. Elle s'arrêta devant une maison de pauvre apparence, regarda autour d'elle avec défiance, et disparut sous la porte d'entrée. Rosine l'avait suivie; la voyant disparaître, elle remarqua la maison, et, n'osant aller plus loin dans sa curiosité, elle se décida à retourner aussi au logis. Mais une main invisible la retenait malgré elle; il fallait qu'elle regardât à toutes les fenêtres de la maison : un pressentiment l'avertissait qu'elle reverrait l'inconnue. En effet, tout à coup, à sa grande surprise, elle crut la reconnaître qui sortait dans un tout autre costume. Cette fois, la jeune fille était vêtue en grande dame : robe de taffetas à queue qu'elle s'efforçait de mettre dans sa poche, mantelet, talons rouges, tous les accessoires.

— Et où va-t-elle dans cet équipage? se demanda Rosine, qui la suivait presque pas à pas.

La dame alla droit à un carrosse doré qui l'attendait devant le Palais-Royal. Un laquais se précipita au-devant d'elle pour ouvrir la portière. Elle s'élança dans le carrosse en femme habituée à y monter tous les jours.

— Je l'avais deviné, murmura Rosine ; il y avait dans ses manières, dans sa façon de parler, dans la fierté adoucie de son regard, je ne sais quoi qui m'étonnait. Elle avait beau prendre toutes sortes de masques, on finissait par la reconnaître. — Hélas ! l'a-t-il reconnue, lui ?

Le lendemain, Rosine se fit un peu attendre ; cependant le cruel ne lui dit pas, en la revoyant, ce doux mot qui console les absents, absents du cœur ou de la maison : Je vous attendais.

— Eh bien ! lui dit-elle après un silence, vous ne me parlez pas de votre grande dame ?

— Ma grande dame ? Je ne comprends pas.

— Vous ne l'avez donc pas deviné? Ce n'était pas une fille du peuple, comme elle le disait, mais une belle dame, qui n'a pas grand'chose à faire. Je l'ai vue monter dans son carrosse. Quel carrosse! quels chevaux! quels laquais!

— Que dites-vous là? Vous voulez me tromper; c'est un mensonge.

— C'est la vérité. Croyez donc maintenant à ces grands airs d'innocence!

— Quelle singulière aventure! dit Boucher en se passant la main sur le front. Reviendra-t-elle? Qui donc a pu l'amener ici? Elle ne m'a rien demandé.

A cet instant, Rosine vint appuyer ses mains jointes sur l'épaule du peintre.

— Elle ne vous a rien demandé? dit-elle avec une expression triste et charmante.

Boucher baisa le front incliné de sa maîtresse.

— Rien, dit-il; c'est une énigme, je m'y perds.

— Hélas! elle reviendra.

— Qui sait? Elle devait revenir ce matin. Voilà donc pourquoi elle ne voulait pas être payée pour la première séance.

— Aujourd'hui je n'aurai garde d'ouvrir la porte.

— Pourquoi? Quel enfantillage? Seriez-vous jalouse?

— Vous êtes bien cruel! Est-ce que vous irez ouvrir la porte, vous?

— A coup sûr.

Rosine s'éloigna en soupirant.

— Alors, dit-elle avec des larmes dans les yeux, la porte se refermera sur moi.

Rosine, pleurant d'amour et de jalousie, était d'une beauté adorable; mais Boucher, par malheur pour elle et pour lui-même, ne voyait que la mystérieuse inconnue.

— Vous ne savez ce que vous dites, Rosine ; c'est de la folie.

— Boucher avait parlé un peu durement ; la pauvre fille, blessée au cœur, s'avança vers la porte, et, d'une voix affaiblie, elle murmura un triste adieu. Sans doute elle espérait qu'il ne la laisserait point partir, qu'il viendrait à la porte, qu'il la prendrait dans ses bras et la consolerait par un baiser ; mais il n'en fit rien : il oubliait, l'ingrat, que Rosine n'était pas une fille d'Opéra, il croyait qu'elle *faisait semblant* comme toutes ces comédiennes sans cœur et sans foi. Rosine ne faisait pas semblant, elle écoutait sa naïve et simple nature ; elle avait donné tout ce qu'elle pouvait donner, plus que son cœur, plus que son âme ; il n'était pas étonnant qu'elle se révoltât d'être aimée si légèrement, comme par hasard. Elle ouvrit la porte, elle se tourna vers Boucher ; un seul regard tendre l'eût ramenée à ses pieds ; il se contenta de lui dire comme il eût dit à la première venue : Ne faites pas tant de façons, je n'aime pas les grands airs.

Ces paroles indignèrent Rosine. C'est fini, dit-elle, et au même instant elle ferma la porte. Le bruit de ses pas vint jusqu'au cœur de Boucher ; il voulut s'élancer vers l'escalier, mais il s'arrêta à la pensée qu'elle reviendrait. Une autre serait revenue, Rosine ne revint pas. Avec elle, Boucher perdit tout espoir de vrai talent. La vérité était venue à lui dans toute sa force, sa grandeur et sa beauté ; il ne put s'élever jusqu'à elle. Il se mit à la recherche de cette mystérieuse apparition qui personnifiait si poétiquement sa muse.

En vain il courut le beau monde, en compagnie de Pont de Veyle et du comte de Caylus. Il fut de toutes les fêtes et de tous les spectacles, de toutes les promenades et de tous les soupers : il ne découvrit pas celle qu'il cherchait avec une si folle ardeur. Rosine n'était pas tout à fait bannie de sa pensée, mais dans ses souvenirs la pauvre fille n'apparaissait jamais seule, il voyait toujours son image en regard de celle de la dame inconnue. Un jour cependant, comme il contemplait sa vierge inachevée, il sentit que Rosine était encore dans son cœur; il se reprocha l'abandon où il la laissait; il résolut d'aller sur-le-champ lui dire qu'il l'aimait et qu'il l'avait toujours aimée. Il descendit et s'avança vers la rue Sainte-Anne, malgré un encombrement de fiacres et d'équipages. Une jeune fille passait de l'autre côté de la rue, un panier à la main. Il reconnut Rosine. Hélas! ce n'était plus que l'ombre de Rosine, la douleur l'avait ravagée, l'abandon l'avait abattue sous ses mains glaciales. Il voulut traverser la rue pour la joindre; un carrosse l'arrêta au passage, une femme mit la tête à la portière.

— C'est elle! s'écria-t-il tout éperdu.

Il oublia Rosine, il suivit le carrosse, résolu à toute aventure; le carrosse le conduisit à un hôtel de la rue Saint-Dominique. Le peintre se présenta fièrement, une demi-heure après, sous le nom de Carle Vanloo, afin d'être reçu par la dame. Il fut reçu par le mari avec toutes sortes de bonnes grâces.

— Quoi! M. Carle Vanloo, l'espoir de la peinture! Soyez le bienvenu.

— Je crois, monsieur le comte, avoir ouï dire que madame la comtesse ne dédaignerait pas mon pinceau pour faire son portrait.

— Elle ne m'en a pas dit un mot; mais je vais vous conduire dans son oratoire.

Tout aventureux qu'il était, Boucher voulut presque rebrousser chemin; mais comme il était aussi embarrassant de battre en retraite sans raison que d'affronter le péril, il se laissa conduire à l'oratoire.

Ici l'histoire se complique ; si elle ne m'éloignait de mon sujet, je prendrais plaisir à vous raconter ce qui se passa dans l'oratoire, comment Boucher y fut accueilli sous le nom de Carle Vanloo ; comment il apprit (M. le comte s'était retiré en mari qui connaît la bienséance) que la curiosité jointe à un peu d'ennui avait conduit la comtesse à son atelier pour faire juger sa beauté, une bonne fois pour toutes, par un homme compétent qui n'aurait pas de raisons pour mentir ; comment le peintre parvint, à force de séductions, à décider la comtesse à laisser faire son portrait, — c'était laisser faire bien des choses ; — comment enfin... mais vous avez deviné la suite. — Vous avez deviné qu'ils s'aimèrent, que l'amour passa vite comme il faisait alors, que madame la comtesse se consola ailleurs, que le peintre... Revenons à Rosine.

Après l'ivresse de cette passion, la jeune

fille délaissée revint flotter dans les souvenirs de Boucher. En voyant sa vierge où l'artiste profane avait mêlé l'impression de deux beautés, il vit bien que Rosine était la plus belle. La comtesse l'avait plus ardemment séduit, mais une fois le charme passé, il comprit encore que Rosine avait la beauté idéale qui ravit les amants et donne du génie aux peintres. Oui, dit-il avec regret, je me trompais comme un enfant; la beauté divine et humaine, la vraie lumière, le sentiment céleste, c'était Rosine; la séduction, le mensonge, l'expression qui ne vient ni du ciel ni du cœur, c'est la comtesse. J'ai gâté ma vierge comme un fou; mais il est temps encore...

Il n'était plus temps. Il courut chez la fruitière, il demanda Rosine.

— Elle est morte, lui dit la belle-mère.

— Morte! s'écria Boucher pâle de désespoir.

— Oui, monsieur le peintre, morte comme on meurt à dix-huit ans, des peines du cœur. Je ne parle que par ouï dire, elle a confié à une tante qui la veillait à ses derniers jours qu'elle mourait pour avoir trop aimé. — A propos, vous avez oublié de faire mon portrait? et le sien? je n'y pensais plus.

—Il n'est pas fini! dit le peintre tout défaillant.

Rentré à l'atelier, il s'abandonna à sa douleur; il se jeta à genoux devant la vierge inachevée, il maudit cette fatale passion qui l'avait détourné de Rosine, il jura de vivre désormais dans le souvenir sanctifié de cette sœur des anges. Après avoir gémi durant une heure, il voulut, comme par inspiration soudaine, retoucher à sa figure de vierge. « Non! non! dit-il tout à coup, en voulant effacer ce qu'il y a de la comtesse n'effacerai-je point cette divine trace de ma pauvre Rosine? »

Il descendit la toile du chevalet, la porta d'une main défaillante à l'autre bout de l'atelier, et l'appendit au-dessus du sofa où Rosine s'était assise pour la dernière fois devant ses yeux. Il ne confia son profond chagrin qu'à deux ou trois amis, comme le comte de Caylus, Pont de Veyle et Duclos.

Quand on remarquait chez lui la vierge inachevée, il se contentait de dire : « Ne me parlez pas de cela, car vous me rappelleriez que l'heure du génie a sonné pour moi. »

En ce beau temps, à moins d'être Rosine, on ne mourait pas de chagrin, on se consolait de tout; Boucher se consola. Il se rejeta avec plus d'extravagance dans toutes les folies de la vie mondaine. Il avait passé à côté de la créature humaine telle que Dieu l'a faite, il passa à côté du paysage tel qu'il s'épanouit au soleil. Un jour qu'il redevenait raisonnable, ce ne fut qu'une vaine lueur, il sortit de Paris pour la première fois depuis son enfance. Où alla-t-il? Il ne l'a point dit; mais selon une lettre à Lancret, il trouva la nature fort désagréable, trop verte, mal éclairée. N'est-il pas plaisant de voir un artiste de la force de Boucher trouver à redire à l'œuvre du plus grand artiste pour la couleur et pour la lumière? Raphaël et Michel-Ange étaient bien vengés d'avance, car vous verrez tout à l'heure que Boucher n'était pas au bout de ses critiques. Ce qu'il y a de plus plaisant, c'est que Lancret répondait à Boucher : « Je suis de votre sentiment; la nature manque d'harmonie et de séduction. » J'aime à me représenter Boucher au milieu d'une bonne compagnie un peu rude, cherchant à comprendre, mais ne comprenant rien à ce grand spectacle digne de Dieu lui-même, n'entendant pas toutes ces hymnes d'amour que la nature élève au ciel par la voix des fleuves, des forêts, des oiseaux, des fleurs et de la créature humaine; ne voyant pas cette sublime harmonie où se confondent la main de Dieu et la main des hommes, la main qui crée et la main qui travaille. Au milieu de toutes ces merveilles, Boucher devait continuer son chemin comme un exilé qui foule un sol étranger. Il cherchait ses dieux. Où est Pan? où est Narcisse? où est Diane chasseresse? Il appelait, nul ne lui répondait, pas même Écho. Il cherchait les mortels qui lui étaient familiers; mais où les trouver, ces fêtes galantes et champêtres? Il ne voyait pas même une bergère dans la prairie. Rentré dans son atelier, il se pâmait de joie sans doute en retrouvant ses jolis paysages roses, où l'enchantement des fées était répandu. On le surnommait le peintre des fées avec beaucoup de sens; il n'a vécu, il n'a aimé, il n'a peint que dans le monde des fées.

Après ces deux échecs décisifs, Boucher s'abandonna plus que jamais à la coquetterie espiègle et à la grâce maniérée de son talent. Son atelier redevint un boudoir très hanté des comédiennes. Il n'avait pas vingt-six ans; il était recherché partout, d'abord pour son talent, ensuite pour sa bonne mine. Les académiciens seuls le repoussaient, parce qu'il avait les allures dédaigneuses d'un gentilhomme, parce qu'il se moquait un peu de la gravité de ces messieurs, peut-être aussi parce qu'il se moquait de l'art. Mais quels étaient alors les académiciens! A part Jean-Baptiste Vanloo et Boulogne, ces messieurs avaient-ils le droit de repousser Boucher? Aux yeux de tous les juges sensés, il remporta le prix de Rome; cependant l'Académie ne jugea pas ainsi. Il n'en partit pas moins pour Rome : troisième et dernière tentative pour trouver l'art et la nature; mais il donna raison à l'Académie, car il perdit son temps dans la cité des arts. Il trouva Raphaël fade et Michel-Ange bossu; il osa le dire tout haut : pardonnez-lui cette profanation ou cet aveuglement. « Critiquer Dieu, passe encore; mais Raphaël, mais Michel-Ange! » C'est Diderot qui parle ainsi.

Boucher était parti pour Rome avec Carle Vanloo; il revint seul, sans argent, sans études, niant tous les chefs-d'œuvre. Que pouvait-on augurer alors d'un pareil peintre? On ne désespéra pas de lui cependant. « Son esprit l'a perdu, son esprit le sauvera, » disait le comte de Caylus : mot juste et profond qui peint bien le talent de Boucher. En effet, à peine de retour, il redevint à la mode; il n'eut qu'à peindre pour être applaudi; il eut des commandes à la cour, à l'église, au théâtre; tous les grands hôtels, tous les châteaux splendides, s'ouvrirent à son gracieux talent. Il travailla le jour et la nuit, se moquant de tout le monde et de lui-même, créant comme par magie des Vénus dans des chœurs d'anges et des anges armés de flèches. Il avait bien le temps d'y regarder de si près. Il allait, il allait, rapide comme le vent, achevant le même jour une *Visitation* pour Saint-Germain-des-Prés, une *Vénus à Cythère* pour Versailles, un dessin pour des décors d'opéra, un portrait de duchesse et un tableau de mauvais lieu, inspiré tour à tour par Dieu et Satan, ne croyant plus à la gloire, se donnant corps et âme à la fortune. Durant tout le reste de sa vie, il ne se fit pas moins de cinquante mille livres de revenu, c'est-à-dire cent mille livres d'aujourd'hui. Il mena grand train. Outre son revenu, il fit des dettes; il afficha la philosophie du temps; il se moqua de tout ce qui était noble, digne et grand; il mit en doute Dieu et tout ce qui nous vient de Dieu, la vertu du cœur, les aspirations de l'âme. Il donna des fêtes royales, une entre autres qui lui coûta plus d'une année de travail, fête célèbre appelée la fête des dieux. Il avait voulu représenter l'Olympe et toutes les divinités païennes. Il s'était déguisé en Jupiter; sa maîtresse, déguisée en Hébé, c'est-à-dire très court vêtue, avait passé la nuit à verser de l'ambroisie à tous les dieux et à toutes les déesses de contrebande. Les académiciens, surpris de ces hauts faits, se décidèrent à accueillir Boucher, dont l'école bruyante avait effacé l'Académie. Boucher, nommé, n'en devint pas davantage académicien. Il continua de vivre en enfant prodigue et de peindre en artiste sans foi.

Il ne se contentait pas de peindre, il gravait et sculptait; il a gravé un grand nombre de sujets de Watteau; il a sculpté en petit des groupes et des figurines pour Sèvres. Sa gravure et sa sculpture sont dignes de ses meilleurs tableaux ; c'est la même grâce, le même esprit et le même sourire. En se multipliant ainsi, Boucher se répandait partout : on voyait en même temps ses amours joufflus sur les chenets, ses nymphes sur les pendules, ses gravures dans les livres, ses tableaux de toutes parts.

Boucher cependant ne vendait pas ses œuvres à un très haut prix ; il devait son grand revenu à sa prodigieuse facilité. Madame Geoffrin lui avait acheté deux de ses plus jolis tableaux moyennant deux mille écus ; ce ne furent pas d'ailleurs les plus mal payés. L'impératrice de Russie les racheta à madame Geoffrin moyennant trente mille livres. Madame Geoffrin alla au plus vite trouver Boucher et lui dit : « Je vous avais bien dit que les tableaux sont placés chez moi à hauts intérêts ; voilà vingt-quatre mille livres qui vous reviennent pour *l'Aurore* et *Thétis.* » Ce n'était pas la première fois que la bonne madame Geoffrin se livrait à ce commerce ; elle avait commencé avec Carle Vanloo.

Peu de temps après son retour de Rome, il devint amoureux d'une jeune fille de la bourgeoisie, mademoiselle Marie Perdrigeon. C'était, selon les mémoires, une des plus belles femmes de France, peut-être la plus belle. Son portrait est à Versailles. Raoux l'a représentée en vestale. Vous pouvez la voir entretenant le feu sacré, — le feu sacré de qui ? — non pas de Boucher ni d'elle-même, car, s'il y a du feu sacré dans ce tableau, il est dans les regards de la vestale. Boucher l'aima si éperdument, que, n'espérant pas la séduire, il se résigna à en passer par le mariage, « quoique, disait-il plaisamment, le mariage ne fût pas dans ses habitudes. » Devenue sa femme, elle posa souvent pour ses vierges et ses Vé-

nus ; on la reconnaît çà et là dans l'œuvre de
Boucher. Mais ce qui était plus digne de lui
et d'elle-même, elle lui donna deux filles charmantes, qui semblèrent se modeler sur les plus
fraîches et les plus jolies images du peintre.
Elle mourut à vingt-quatre ans, « trop belle,
disait Boucher inconsolable, pour vivre longtemps sous le ciel de Paris. » Moins de dix-sept ans après son mariage, Boucher mariait
ses filles à deux peintres qui n'étaient pas de
son école, Deshays, qui eut presque du génie,
et Baudouin, qui eût été le La Fontaine de la
peinture, si la naïveté ne lui eût fait défaut.
Madame Boucher et ses deux filles passèrent
leur vie dans l'éclat du monde et dans les
larmes. Toutes belles et toutes charmantes
qu'elles étaient, elles se virent souvent délaissées pour les filles d'Opéra ou d'autres femmes
de hasard. Boucher, Deshays et Baudouin
avaient mordu à la grappe amère des mau-

vaises passions; ils ne furent qu'un instant sensibles à la grâce et à la vertu de l'épouse; le chaste parfum du foyer ne tint point leur cœur sous le charme; il fallait une plus folle ivresse à ces âmes perdues, il fallait une coupe moins pure à ces lèvres souillées. Ce n'était point assez des cheveux odorants de l'épouse pour enchaîner leur amour, ils recherchaient les bras lascifs, les étreintes mortelles, toutes les chaînes aiguës de la volupté. Ils en moururent tous les trois en même temps, en moins d'une année, le plus jeune le premier, Boucher le dernier, après avoir été témoin du désespoir de ses complices. Deshays était peut-être le seul grand peintre venu après Lesueur; il avait le sentiment de l'idéal et de la grandeur. Aussi Boucher, homme de bon sens quelquefois, voyant un pareil élève dans son atelier, se garda bien de lui donner des leçons; il se contenta de lui donner sa fille, lui disant dans sa gaieté : « Étudie avec elle. » Pour Baudouin, c'était Greuze et Boucher en miniature, ou, selon Diderot, « du Fontenelle brouillé avec du Théocrite. »

Boucher poursuivit donc sa carrière dans la même voie fatale où il s'était perdu sur les pas de son maître. Malgré tout l'argent qu'il gagnait et toutes les glorioles de chaque jour, il ne fut jamais heureux : il lui a toujours manqué la conscience du cœur et celle du talent. Il avait trop bien le sentiment de ses fautes d'homme et de ses fautes de peintre ; il comprenait qu'il gaspillait en vaines étincelles le peu de feu sacré que le ciel avait allumé dans son âme aux beaux jours de sa jeunesse ; il pressentait que son œuvre périrait avec lui. Pour se distraire de ces désolantes idées, il épuisa toutes les distractions. Sur la fin de sa vie, il se rapprocha un peu de la nature ; il lui fit bâtir, comme pour faire amende honorable, une espèce de temple, c'est-à-dire un cabinet d'histoire naturelle, où Buffon a plus d'une fois étudié. A sa mort, ce cabinet fut vendu cent mille livres. Ce fut tout ce que Boucher laissa d'une grande fortune. C'était, disait-il, pour payer son enterrement.

Il ne cessait pas d'aller dans le monde. Madame Geoffrin, qui avait recueilli la société de madame de Tencin, donnait deux dîners par semaine, le lundi aux artistes, le mercredi aux gens de lettres. Marmontel, qui ne dînait guère alors qu'à la condition de dîner en ville, était à table chez madame Geoffrin le lundi et le mercredi. Dans ses Mémoires, il passe en revue les convives; il dit à propos des artistes : « Je n'avais pas de peine à m'apercevoir qu'avec de l'esprit naturel ils manquaient presque tous d'instruction et de culture. Le bon Carle Vanloo possédait à un haut degré tout le talent qu'un peintre peut avoir sans génie ; mais l'inspiration lui manquait, et, pour y suppléer, il avait fait peu de ces études qui élèvent l'âme et qui remplissent l'imagination de grands objets et de grandes pensées. Vernet, admirable dans l'art de peindre l'eau, l'air, la lumière et le jeu de ces éléments, avait tous les modèles de ces compositions très vivement présents à la pensée, mais hors de là, quoique assez gai, c'était un homme du commun. Latour avait de l'enthousiasme ; mais, le cerveau déjà brouillé de politique et de morale dont il croyait raisonner savamment, il se trouvait humilié lorsqu'on lui parlait peinture. S'il fit mon portrait, ce fut pour la complaisance avec laquelle je l'écoutais réglant les destins de l'Europe. Boucher avait du feu dans l'imagination, mais peu de vérité, encore moins de noblesse ; il n'avait pas vu les Grâces en bon lieu ; il peignait Vénus et la Vierge d'après les nymphes des coulisses, et son langage se ressentait, ainsi que ses tableaux, des mœurs de ses modèles et du ton de son atelier. »

Madame de Pompadour et madame Dubarry aimaient le talent de Boucher. Quoi de plus naturel ! Ce talent ne semblait-il pas fait pour les peindre, ces reines de hasard ? N'étaient-ce pas encore deux de ces muses à qui il demandait ses inspirations ? N'avaient-elles pas la grâce coquette, l'œil pervers et la bouche souriante qui faisaient le charme des femmes de Boucher ?

Il devint premier peintre du roi à la mort de Carle Vanloo ; il fut élevé à cette dignité sans surprendre personne. On ne s'étonnait de rien alors que madame Dubarry était assise sur le trône de Blanche de Castille. D'ailleurs, tel roi, tel peintre. Louis XIV et Lebrun, Louis XV et Boucher n'avaient-ils pas la même majesté ?

De toute cette génération couronnée de roses fanées, Boucher mourut le premier, au printemps de 1770, le pinceau à la main, quoiqu'il fût malade depuis longtemps. Il était seul dans son atelier; un de ses élèves voulut entrer : « N'entrez pas, » dit Boucher, qui peut-être se sentait mourir. L'élève referma la porte et s'éloigna. Une heure après, on trouva le peintre François Boucher expirant devant un tableau de Vénus à sa toilette.

Il donna le branle : tous les peintres galants, tous les abbés galants, tous les poëtes galants, le suivirent bientôt chez les morts, le roi de France à leur tête, appuyé sur son lecteur ordinaire, Moncrif, qui ne lui avait jamais rien lu, et sur son fameux bibliothécaire, Gentil-Bernard, qui ne feuilletait que les jupes de l'Opéra. J'aime à me représenter ce tableau moitié funèbre et moitié bouffon de tous ces hommes d'esprit qui partaient gaiement, mais qui s'obstinaient à dire un bon mot avant de mourir, pour mourir comme ils avaient vécu. En peu d'années, on vit descendre dans la tombe tout ce qui avait été l'esprit, la joie, l'ivresse, la folie du xviiie siècle. Sans parler de madame de Pompadour, de Boucher, de Louis XV et des comédiennes célèbres, comme madame Favart et mademoiselle Gaussin, ne voit-on pas dans le lugubre cortége Crébillon et ses contes libertins, Marivaux et ses fines comédies, l'abbé Prévost et sa chère Manon, Panard et ses vaudevilles, Piron et ses saillies, Dorat et ses madrigaux, l'abbé de Voisenon et les enfants de Favart, son œuvre la plus certaine? Qui encore? Rameau, Helvétius, Duclos, Voltaire, Jean-Jacques Rousseau; est-ce assez? Que va-t-il donc rester pour finir le siècle? Il restera la reine Marie-Antoinette, qui a aussi vécu de cette folle vie, qui a souri comme les femmes de Boucher, qui sera punie pour tout ce beau monde, qui mourra sur la guillotine, autre calvaire, entre une fille de joie, madame Dubarry, et un hideux roi de la populace, Hébert, qui mourra avec la dignité du Christ, couronnée de cheveux blanchis durant une nuit d'héroïque pénitence.

QUELQUES ORIGINAUX.

I

J'ai souvent mis en scène des caractères sérieux, même dans leur frivolité. J'ai en ce moment sous le regard quelques figures très dignes de distraire les curiosités littéraires durant l'entr'acte. Une de ces figures originales est celle d'un poëte marseillais, Thomas-Nicolas Barthe, l'homme le plus naïvement égoïste de son temps. Il est né à Marseille en 1734, de parents riches mais honnêtes, comme on disait plaisamment pour parler de la fortune que le père du poëte avait rapidement acquise dans le commerce. Nicolas fut élevé chez les pères de l'Oratoire au collége de Juilly. Il aima de bonne heure la lecture des poëtes, Ovide entre autres. Dès l'âge de quinze ans, il mit en jeu sa personnalité plus tard si comique; il se hissa sur la pointe des pieds, prit un air insolent et dit à tout le monde qu'il était un homme prédestiné. Cependant comment prendre de grands airs sur le seuil de la boutique de son père quand on s'appelle Nicolas Barthe, et que pour toute distinction on n'a qu'une certaine exaltation fiévreuse? Il quitta sa province, il vint s'installer à Paris avec un grand étalage d'argent comptant et de bel-esprit; il y trouva bientôt, sinon des amis, du moins des compagnons de plaisirs. On ne fut pas longtemps sans se plaindre partout, dans le monde, au café, à la comédie, de son caractère violent et désagréable, mais surtout de sa fâcheuse personnalité. C'était un buisson d'épines, on ne le rencontrait jamais sans se déchirer la main ou l'habit. Aussi de son temps ce dicton courait déjà : Épineux comme un poëte marseillais.

Ne pouvant se faire gentilhomme, il se fit poëte, non pas pour la poésie, mais pour la vanité. Il débuta par des églogues, lui qui n'avait vu la nature qu'à Marseille et à Paris. Ses églogues peuvent aller à la queue de celles de Fontenelle; c'est la même sécheresse, le même bel-esprit, le même clinquant. Dans le temps que Barthe était si mal avisé et si mal inspiré, Dorat, passant un soir d'hiver au Luxembourg, est surpris d'apercevoir, dans l'ombre, devant le grand bassin, un petit homme qui se démène comme un furieux, qui se tord les bras et frappe du pied avec désespoir. Dorat s'approche et reconnaît Barthe. Il se tient à distance, il écoute, il entend Barthe qui murmure avec dépit :

— La lune se moque de moi ; j'ai beau la lorgner dans le ciel et dans l'eau !

Dorat éclate de rire.

— Que diable avez-vous, mon ami Barthe, à aboyer contre la lune ?

—J'enrage ! Voilà une heure que je suis ici à battre des ailes. Vous savez tout ce que la lune inspire à ces diables d'Allemands ; eh bien ! à moi, pas la plus petite chose ! Je reste plus froid et plus stupide que cette statue ; sans compter que je m'enrhume. Que le diable emporte la lune et tous les poëtes mélancoliques !

De l'églogue Barthe passa à l'héroïde. Il n'avait eu dans l'églogue ni naturel, ni fraîcheur ; il n'eut dans l'héroïde ni grâce, ni onction. Il débuta par une *Lettre écrite de la*

Trappe par l'abbé de Rancé à un ami en Italie.
Il y raconte mot à mot comment M. de Rancé, qui venait de passer quelque temps à sa terre de Veretz, s'empressa à son retour d'aller chez sa belle maîtresse la duchesse de Montbazon; que le premier tableau qui frappe son regard à la porte de la chambre de la duchesse, c'est un cercueil, et près du cercueil la tête de son amante, que, pour avoir mal pris la mesure du cercueil, il a fallu détacher du tronc. Ce que voyant, M. de Rancé renonce à Satan, à ses pompes, à ses œuvres; il fonde l'abbaye de la Trappe en s'écriant :

Je n'avais plus d'amante, il me fallait un Dieu.

C'est là le meilleur vers de toute cette héroïde, très romantique en vérité. Barthe, prenant la parole pour l'abbé de Rancé, ne sut être ni amant ni pénitent.

Grâce à ses mauvais vers prônés à tort et à

travers, grâce à ses soupers qui sans doute *donnaient* du charme à ses vers, il eut de Thomas et de quelques hommes de lettres de pareille taille un brevet de poëte qui lui *donna* entrée dans presque tous les cercles à la mode Il avait de si belles illusions sur son esprit, qu'il suivait, armé d'une lorgnette, chaque mot parti de sa bouche, pour recueillir les suffrages des auditeurs. Un jour qu'il croyait avoir dit un mot plaisant, M. de Monticour, dont le flegme était si mordant, le démonta d'une façon cruelle. Il attendit que la lorgnette fût braquée sur lui; Barthe ne manqua pas de l'interroger comme les autres : alors M. de Monticour lui dit d'un air tranquille et poli : — Monsieur Barthe, je ne ris pas. — Barthe ne pardonna jamais cette plaisante leçon.

Ce poëte, qui n'aimait personne si ce n'est lui-même, s'avisa d'écrire un poëme de *l'Art d'aimer*. Ce n'est point l'art d'aimer, mais l'art de séduire. Pour la première fois Barthe fut çà et là bien inspiré. Son inspiration n'était plus l'image glaciale de la lune, mais le miroir piquant d'une jolie maîtresse. Il s'inspira aussi d'Ovide pour les tableaux, de Ninon pour la philosophie, de Voltaire pour l'esprit. Pourtant il y a dans le poëme du bel et bon esprit qu'il a eu à lui seul; il y a mieux que de l'esprit, il y a des traits de sentiment dignes d'un vrai poëte. Ainsi, en parlant de Laure dans l'épisode des amours de Pétrarque, il trouva ce beau vers :

L'amour qu'elle inspira fut sa seule faveur.

Après la lecture de ce poëme, M. de Choisy, un poëte sans conséquence, vient lire une épître à Barthe, épître où, entre autres éloges, on rencontrait : *vainqueur de Bernard et d'Ovide.* — Vainqueur ! lui dit Barthe en se récriant, cela est trop fort. J'exige que vous changiez cela. — Eh bien! puisque vous le voulez, je mettrai rival. — M. de Choisy achève de lire l'épître. Barthe, au lieu de lui adresser les compliments d'usage, semble enseveli dans un profond recueillement. Enfin, sortant tout à coup de sa rêverie : — Toute réflexion faite, *vainqueur* est plus harmonieux, dit-il affectueusement.

Barthe voulut aborder tous les genres; il força Molé, qui venait à ses soupers, de jouer le premier rôle dans sa première comédie. Malgré le talent du comédien, cette œuvre tomba sans bruit. On comprend bien qu'on n'est pas un pareil poëte sans qu'il en coûte beaucoup; les imprimeurs, les actrices, les soupers mettaient souvent Barthe à fond de bourse, ce qu'il n'aimait pas. Il se trouva ainsi mainte fois empêché de faire face à son esprit. Un jour de baisse, il rencontre une marchande à la toilette; il lui fait signe de le suivre, l'emmène chez sa maîtresse absente, et se hâte de vendre toute la garde-robe, toute les soieries, toutes les dentelles, se disant pour excuse que ce qui est à sa maîtresse est à lui-même. Il touche les écus de la marchande, va souper avec ses amis, et, revenu chez lui, il cherche à mettre un peu d'ordre dans ses affaires. En premier lieu, il songe qu'il doit se brouiller avec sa maîtresse.

— Car, dit-il ingénuement, je ne suis pas assez riche pour aimer une femme qui n'a plus de garde-robe.

Cette femme arrive chez lui toute colère et tout échevelée.

— Vous êtes donc fou, monsieur?

— Vous êtes donc folle, madame?

— Quoi! vous avez eu l'indignité de vendre tout ce que je possédais.

— Je n'avais plus un sou vaillant.

— Que ne vendiez-vous vos meubles?

— C'est vrai ! s'écrie Barthe comme éclairé d'une lumière soudaine, c'est vrai! Je n'y avais pas pensé.

Mais l'égoïsme naïf de Barthe va vous frapper mieux encore. Il se maria par cette seule raison qu'il avait peur la nuit, peur des fantômes, des ombres, des songes noirs, peur de lui-même. Le surlendemain des noces, en se mettant à table, il reprend paisiblement ses habitudes. Il se sert sans penser à sa femme, il se découpe galamment les plus beaux morceaux, il se verse à boire et boit à la santé de madame Barthe, qui ne songe pas à manger, tant elle est suffoquée. Elle croit que son mari a des distractions en sa qualité de poëte; elle espère que ces distractions-là ne dureront pas toujours; elle va s'asseoir toute pensive devant la cheminée. On était à la fin de l'automne, l'après-midi était triste et froide. Barthe suit sa femme, il se met à l'autre bout de la che-

minée, mais bientôt il empiète peu à peu;
d'abord il pose un pied sur un chenet, une minute après il pose l'autre, ensuite il roule en avant son fauteuil; enfin il s'arrange si bien, qu'en moins d'un quart d'heure, il avait tout le feu pour lui seul. Madame Barthe lui parle, il ne lui répond pas, trouvant plus de plaisir à chercher une rime. Toute l'après-midi se passe aussi gaiement pour madame Barthe. Le soir ils vont souper chez M. de Choisy; il y a loin de leur maison à l'hôtel de M. de Choisy; madame Barthe ne voudrait pas aller à pied, car elle a le pied délicat; mais le poëte prend son parapluie. — Voilà, ma chère, mon équipage, les médecins m'ont toujours conseillé d'aller à pied pour ma santé. — A peine à table chez M. de Choisy, madame Barthe est effrayée de la façon de vivre de son mari; il tire sa lorgnette et la braque sur tous les plats de l'air le plus affamé du monde. — Jean, dit-

il au valet, apportez-moi un peu ce plat de poisson qui est en face de M. de Cerny. — Le valet vient présenter le plat à Barthe. Notre homme l'examine à loisir, le renvoie sur la table, et prie sans façon M. de Cerny de lui servir du poisson.

Madame Barthe était une femme bien élevée, agréable quoique peu jolie, digne d'un meilleur sort. Elle s'était mariée avec Barthe par amour pour les poëtes et les âmes exaltées. Elle ne tarda pas à s'en mordre les lèvres.

Au retour du souper, ils furent surpris par une averse; vous devinez que Barthe n'eut pas à souffrir d'une seule goutte de pluie; en revanche, sa femme eut une épaule mouillée.

— Vous voyez bien, ma chère, lui dit-il vingt fois, vous voyez bien que j'ai raison de prendre mon parapluie.

Une caricature du temps, qui sans aucun

doute a donné lieu à une caricature de ces dernières années, représente M. et madame Barthe sous le parapluie conjugal. Vous dirai-je que, pour comble d'infortune, madame Barthe ne trouva bientôt pas plus de place dans son lit qu'à sa cheminée?

Au bout de quelques jours, elle prit bravement son parti; elle se résigna à fermer son cœur à l'amour, elle résolut de lutter contre l'incroyable égoïsme de son mari. Pour commencer la guerre, elle voulut découper à table; Barthe la laissa faire sans mot dire. Le dîner se composait d'un reste de brochet et d'une petite perdrix. Pendant qu'elle découpe la perdrix, il prend le poisson et le dévore d'un coup de dent. Elle lui passe l'autre plat en lui disant :

— Monsieur Barthe, prenez-vous un peu de cette perdrix?

— Comment donc, ma chère! s'écrie le poëte en tendant la main.

Là-dessus, il prend le plat et passe son assiette de l'autre main. Madame Barthe le regarde toute stupéfaite; il mange avec sa gloutonnerie habituelle, ne s'interrompant que pour dire de temps en temps :

— Que cette perdrix est tendre! que cette perdrix est bonne!

Quand il tient sa dernière bouchée, il recommence de plus belle l'apologie du volatile :

— N'est-ce pas, ma chère, dit-il en regardant sa femme, que cette perdrix est excellente? Est-ce que vous n'êtes pas de mon avis?

— Comment voulez-vous que je sois de votre avis, monsieur Barthe? vous avez tout mangé.

— Est-il possible! dit Barthe confus et désolé. Quoi! j'ai fait cela, moi qui ne vis que pour vous? Ah! ma chère, quelle distraction!

Il appelle la fille de chambre.

— Ninette, allez tout de suite au *Bœuf à la mode* chercher une perdrix aux truffes.

Et, disant cela, il se verse à boire sans songer le moins du monde à verser à boire à sa femme.

Ce n'était pas tout : quelques jours après, il touche la dot de sa femme, cent mille livres en quadruples et en billets. Il court avec la somme chez son notaire. — Je désirerais placer cet argent en viager sur ma tête. — Un emprunteur se trouve, grâce à la mauvaise mine de Barthe; le contrat se signe à la grande joie du poëte, qui s'écrie comme Louis XV : — Après moi, la fin du monde !

A coup sûr, c'est là le seul homme qui ait eu l'idée de placer ainsi la dot de sa femme.

Cependant madame Barthe, ne pouvant s'accoutumer à cette façon de vivre, demande une séparation de corps. Viennent les plaidoyers pour et contre. Barthe ne comprend rien à la demande de sa femme.

— Je l'aime, messieurs; mon désir le plus vif est de vivre pour elle, rien que pour elle.

— A merveille, dit l'avocat adverse; mais, avant de vivre pour elle, vous vivez pour vous.

Et l'avocat se mit à raconter mille scènes curieuses. Barthe n'en revient pas; il s'étonne, s'impatiente, se fâche, accuse sa femme de déraisonner. On ne sait à qui donner gain de cause; le tribunal est fort embarrassé, quand une découverte vient faire pencher la balance. C'est la découverte de la fameuse rente viagère.

— Ah! monsieur Barthe, lui dit le président, comment un homme d'esprit comme vous a-t-il pu commettre une pareille injustice?

— Une injustice! dit Barthe avec surprise; moi qui trouvais cela si naturel!

La séparation fut prononcée; madame Barthe reprit sa dot sur un héritage de son mari.

— Décidément, dit Barthe, il paraît que j'ai l'habitude de penser à moi.

Le *moi* était sa pierre de touche. Pour ses soupers, il écrivait la liste de ses convives; à la tête de cette liste, on lisait toujours : *moi*. Quand il prenait la parole, il débutait toujours par : Moi je pense, moi je suis d'avis, moi je viens, moi j'aime, ou moi je n'aime pas. Il voyagea avec Thomas, à qui les médecins avaient conseillé l'air balsamique des Pyrénées. Quand on servait à nos deux poëtes quelque bon fruit ou quelque bonne crème, Barthe faisait quatre parts, en prenait trois pour lui et finissait par faire avec Thomas le partage de frère sur le dernier quart, toujours sous le prétexte de ménager l'estomac affaibli de son ami. — Un autre de ses amis meurt au moment où, après de longues luttes contre l'infortune, il touche enfin au bonheur. Après avoir bien déjeuné, Barthe, qui devait beaucoup à cet ami, veut être un des premiers à l'enterrement; à l'église, il incline tristement la tête, il paraît en proie à la plus vive douleur, il pousse de profonds soupirs. Au cimetière, sa douleur augmente, il est pâle et défait; à la première pelletée de terre jetée sur le cercueil, il chancelle et tombe agenouillé dans l'attitude du vrai désespoir. Thomas, qui était du convoi, prend la main de Barthe :

— Voyons, mon ami, calmez votre douleur.

— Ah! s'écria Barthe, quand je songe qu'il me faudra mourir aussi!

La plus amère satire de l'égoïsme de Barthe est cette lettre anonyme attribuée à sa femme :

— Vous avez, monsieur Barthe, beaucoup

de ressemblance avec le coucou. Le coucou, trop froid pour couver ses œufs, les porte dans les nids des autres oiseaux à la place de ceux qu'il y trouve; si bien que, par cette industrie, il se nourrit des œufs étrangers, en même temps qu'il trouve moyen de faire éclore les siens et de faire nourrir ses petits. »

C'était pousser trop loin la satire, car, après tout, Barthe était un bon homme qui n'avait que la faiblesse de s'aimer beaucoup, quelquefois aux dépens des autres. Dites-moi, messieurs, dites-moi, mesdames, ne ressemblez-vous pas un peu à M. Barthe?

Après sa chute, il s'était relevé au théâtre par sa jolie comédie des *Fausses Infidélités*. Il composa, sur le conseil de ses amis, *l'Homme personnel*. « L'auteur n'a qu'à se peindre lui-même pour faire une bonne pièce, » dit Grimm dans son journal. *L'Homme personnel* ne réussit pas, et on ne manqua point de dire :

Comment s'étonner qu'il n'ait pas mieux saisi ce personnage? Pour le voir dans son véritable jour, le modèle était trop près du peintre. — Cette comédie fit cependant assez de bruit, mais ce fut par les anecdotes qui s'y rattachent. Barthe voulut lire sa pièce à tous les hommes célèbres; il alla tout exprès à Ferney. Voltaire l'accueille à merveille. Vient l'heure de la lecture. L'auteur lit d'un œil, et de l'autre il regarde la figure de Voltaire par sa fameuse lorgnette. A la fin du premier acte, Voltaire se trouve mal et pour cause. Madame Denis met Barthe à la porte, ou à peu près. Il retourne tristement à Genève sans rien comprendre à Voltaire. Mais, le lendemain, petit billet de Voltaire, le maître persifleur, qui veut à toute force entendre la suite de la comédie. Barthe prend le billet au sérieux, il retourne à Ferney, il rouvre son manuscrit, il lit le second acte, et voilà encore Voltaire qui s'évanouit. Barthe est réduit à partir sans avoir pu achever de lire sa pièce, et, ce qui est bien pis, sans avoir osé battre personne. Il ne fut pas découragé des lectures. A peine de retour à Paris, il apprend que Colardeau est à la mort; il avait cessé de le voir, il revient à son amitié. Il court chez le moribond; il le trouve à toute extrémité, mais assez calme.

— Moi, je suis désespéré de vous voir si malade; j'aurais pourtant une grâce à vous demander.

— Hélas! dit Colardeau en faisant signe à quelques personnes de s'éloigner, quelle grâce pouvez-vous demander à un pauvre poëte qui va mourir?

— C'est d'entendre la lecture de mon *Homme personnel*.

— Songez, mon ami, reprend Colardeau d'une voix éteinte, avec un sourire amer, songez que je n'ai plus que deux heures à vivre. Le médecin ne m'a rien caché; d'ailleurs je sens bien moi-même que je touche au but, j'ai déjà les pieds glacés.

— Hélas! oui; mais c'est justement pourquoi je serais bien aise de savoir ce que vous pensez de ma pièce. Je ne serais pas si pressé si vous aviez plus de temps à vous.

— Songez que je dois mourir à quatre heures; or, il est près de deux heures.

— Hélas! dit Barthe en regardant la pendule d'un air inquiet, nous avons le temps.

— J'ai un codicille à joindre à mon testament; et puis ne faut-il pas que je me confesse?

— Cela n'est pas indispensable.

Barthe insista au point que le mourant fut forcé de consentir. Il écouta les cinq actes avec une sublime résignation, sans dire un seul mot.

— Eh bien? dit Barthe en refermant son manuscrit.

— Il manque à votre caractère un trait bien précieux, lui dit Colardeau.

— Je vous écoute.

Le médecin entrait alors. Barthe court à lui :

— Un instant, monsieur, une confidence importante...

Le médecin reste dans la salle d'entrée.

— Oui, lui réplique Colardeau en riant, il manque à votre personnage un trait précieux; c'est de forcer un ami qui se meurt à entendre encore la lecture d'une comédie en cinq actes et en vers.

Cette comédie de *l'Homme personnel* fut la dernière que Barthe donna au théâtre, mais non pas la dernière qu'il donna à ses amis; grâce à sa lorgnette, à ses colères orageuses, à toutes les épines de son caractère, il lui arrivait chaque jour quelque mésaventure plus ou moins plaisante. Une de ces mésaventures entre autres fit beaucoup de bruit au mois d'avril 1781. La scène commença au café de la Régence, où Barthe jouait au tric-trac avec un officier très irritable qui, pour sa façon de vivre, avait été renfermé plusieurs années à Vincennes. Le poëte ne connaissait pas le soldat ; il le traite en poëte de son temps, il se permet de le plaisanter ; on s'échauffe, on se dit des mots à deux tranchants. Le jeu fini, l'officier s'en va en silence ; Barthe braque sa lorgnette sur les habitués du café et dit en s'épanouissant : Voilà des moustaches bien mal élevées, mais j'ai fait trembler ces moustaches ferrailleuses. — Et aussi fier de ce petit triomphe que M. de Pourceaugnac, il ouvre la porte pour sortir. Quelle est sa surprise lorsqu'il retrouve son joueur, qui veut achever la partie la canne à la main ! Il veut se saisir de son épée, mais, avec sa mauvaise vue et le trouble qui l'agite, il ne parvient qu'à grand'peine à trouver son innocente flamberge. Pour comble de malheur, l'épée s'est rouillée dans le fourreau; pendant qu'il tente de l'en arracher, son joueur lui porte un coup de maître. On vient au secours de ses épaules. Il rengaine la candide lame et va dîner en ville sans confier son malheur; mais, toujours distrait par des souvenirs palpitants, il ne mange pas et hausse sans cesse l'épaule. — Qu'a donc M. Barthe? se dit-on avec inquiétude; il n'a guère mangé que de cinq ou six plats; est-ce qu'il serait malade? — Il quitte le premier la maison; au lieu de prendre son chapeau, il prend celui de son voisin, un grand chapeau à plumet, et va s'étaler ainsi à l'Opéra. On l'aperçoit, on le regarde, on le montre du doigt; comme sa désastreuse histoire s'est déjà répandue, on se demande autour de lui s'il a pris les coups de bâton de son adversaire pour une accolade de chevalier. L'affaire est dénoncée au tribunal des maréchaux de France; l'officier convient d'avoir donné les coups, le poëte de les avoir reçus. On est d'abord tenté de les renvoyer hors de cour en leur disant, comme le régent dans une pareille circonstance : Eh bien! messieurs, vous êtes d'accord. Mais, après un mûr examen de la question, on condamne l'officier à cinq ans et un jour de prison.

Barthe mourut vers ce temps-là, âgé de cinquante et un ans. Peu d'heures avant de mourir, il reçut la visite du marquis de Villevieille : « Je sens bien, dit-il au visiteur, que je vais mourir dans peu d'instants; mais ne parlons pas de cela, c'est l'affaire des médecins. Donnez-moi donc des nouvelles de l'Opéra; parlez-moi d'*Iphigénie*, de Gluck et de Piccini, de mademoiselle Dozon et de tout ce qui s'ensuit. » Malgré ses souffrances aiguës, il maintint la conversation sur les nouvelles de l'Opéra; le soir même, comme il l'avait prédit, il expira en soutenant Gluck contre Piccini, mademoiselle Dozon contre mademoiselle Laguerre. Au moment où il trépassait, on vint lui apporter un billet pour l'Opéra. — Puisque je vais à l'église, dit-il avec humeur, je ne puis aller à l'Opéra, *moi!*

L'esprit de Barthe, au xviiie siècle, a passé comme un feu follet au milieu des étoiles brillantes et durables; à peine s'il a laissé un souvenir; pour survivre, ce n'est point assez d'écrire une épître piquante et de dire une saillie; à ce compte, qui ne survivrait pas? Il n'était pas mort que déjà la poussière de l'oubli avait inhumé ses œuvres. Pourtant on n'a pas tout à fait oublié sa comédie, *les Fausses infidélités*, où se trouve de l'esprit à deux tranchants. J'ai tenté de feuilleter le recueil de ses poésies dans ce grand cimetière de la Bibliothèque royale; qu'y ai-je trouvé? de la poussière. Je n'ai ranimé cette physionomie un peu bouffonne que pour la donner en spectacle aux égoïstes d'aujourd'hui.

II

Vient ensuite la figure assez curieuse de l'abbé Trublet, ce modèle du ridicule.

Le célèbre abbé Trublet s'est rendu ridicule pour trois raisons, et pour beaucoup d'autres encore : il voulut à toute force passer pour un homme d'esprit, et il n'était, comme on l'a dit, qu'une bête d'esprit; il voulut à toute force être de l'Académie, et il fit ses visites pendant vingt-cinq ans; il voulut à toute force être un homme à bonnes fortunes, et il était d'une laideur proverbiale. Il naquit à

Saint-Malo; il y devint chanoine et archidiacre. Avant d'aller plus loin, je vais vous donner le portrait de notre abbé par madame Geoffrin : « C'est une bête frottée d'esprit; on lui a mis « à la vérité de cette écume partout. » On sait que madame Geoffrin, qui avait dans les lettres et dans les arts une façon de dire très piquante, prétendait que les hommes sont un composé de divers petits pots, pot d'esprit, pot d'imagination, pot de raison, enfin la grande marmite de pure bêtise. Le destin, pour ses passe-temps, prend ce qu'il lui plaît de chacun de ces pots et compose ainsi la tête d'un homme. Un jour de belle humeur, le destin, voulant mettre au monde un abbé Trublet, ne puisa que dans la grande marmite; ensuite, craignant d'en avoir trop pris, il découvrit le petit pot de l'esprit qui bout toujours et qui, par conséquent, jette de l'écume; or donc, le destin, croyant puiser dans le pot, n'en attrappa que l'écume, dont il barbouilla le fond de pure bêtise de l'abbé Trublet. Avec ce beau privilége du destin, l'abbé Trublet était l'homme le plus malpropre du royaume; la laideur est sous-entendue. Après ses études, il se fit le valet-de-pied de Fontenelle et de La Motte, c'est-à-dire qu'il alla dans tous les cercles colporter leurs traits d'esprit sans omettre ni points ni virgules. Il s'imagina qu'il deviendrait célèbre en racontant partout avec une grande précision comment La Motte prenait une prise, comment Fontenelle se mouchait. S'il entrait dans un salon, on s'attendait à lui entendre dire ceci ou quelque chose d'approchant : Aujourd'hui, à deux heures et demie, M. de Fontenelle a mis ses pieds sur ses chenets, il a secoué le tabac tombé sur ses manchettes, il a tisonné les bûches de l'âtre, mais je n'ai vu que les étincelles de son esprit. Et là-dessus l'abbé

Trublet racontait mot à mot tout ce que Fontenelle avait dit, n'oubliant pas de terminer par cette phrase : M. de Fontenelle a été charmant pour moi. Un jour madame de Lambert, impatientée de cette obstination qu'avait l'abbé Trublet à se faire un perroquet babillard, lui dit avec une grâce cruelle : L'abbé Trublet est un registre en partie double ; M. de Fontenelle remplit la colonne des recettes, et l'abbé celle des dépenses.

Malgré sa malpropreté et sa triste figure, l'abbé Trublet était reçu dans quelques salons où se débitait du bel esprit. Il fut même attaché au cardinal de Tencin, qui ne lui a servi de rien parce que l'abbé ne lui avait pas servi à grand'chose. Il suivit le cardinal à Rome, s'y ennuya, et revint à Paris. A force d'entendre parler sur la littérature, la morale et la philosophie, comme il avait bonne mémoire, il parvint à coudre lambeau par lambeau, feuillet par feuillet, un livre de philosophie, de morale et de littérature. Comme après tout ce livre était l'œuvre de quelques esprits distingués, il fit du bruit et se vendit. Enivré de sa gloire, l'abbé Trublet acheta des manchettes et en mit une tous les huit jours à la main qui prenait du tabac. Tout lui sourit alors; Fontenelle, qui n'avait jamais invité personne à dîner, retint un jour l'abbé à sa table; il est vrai que l'abbé déjeuna très mal, mais enfin, manger chez Fontenelle, cela ne s'était jamais vu. L'abbé Trublet alla frapper à la porte de l'Académie, qui lui dit de repasser. Pour le consoler de l'attente, sa ville natale l'appela à être son chanoine. Il reparut en triomphe dans son pays en se flattant d'avoir fait mentir le proverbe. Il prêcha et confessa avec des allures philosophiques, croyant troubler tous les cœurs et faire tourner toutes les têtes. A ce propos, je reproduis ce passage d'une lettre de d'Alembert à Voltaire :

« L'abbé Trublet prétend avoir fait autrefois beaucoup de conquêtes par le confessionnal, lorsqu'il était prêtre habitué de Saint-Malo. Il me dit un jour qu'en prêchant les femmes de la ville, il avait fait tourner toutes les têtes; je lui répondis : C'est peut-être de l'autre côté. »

Cependant, à Saint-Malo, l'abbé Trublet n'avait plus d'esprit, par la raison toute simple qu'il n'entendait plus guère parler les gens d'esprit. Il revint séjourner à Paris, où il retrouva de quoi faire un nouveau volume de littérature, de morale et de philosophie.

— Je me fais fort, dit-il un soir, d'en donner tous les six mois un nouveau volume. — L'abbé de Cannaie, qui était un malin, lui répondit : — C'est suivant les gens qu'on voit.

Maupertuis prétendait sérieusement que le livre de l'abbé Trublet avait une si grande renommée en Allemagne que les maîtres de postes refusaient des chevaux à ceux qui ne l'avaient pas lu. C'est dans ce livre fameux que l'abbé Trublet écrivit une dissertation digne de le faire passer à la postérité. Cette dissertation est faite pour découvrir les raisons de l'ennui que cause la lecture de *la Henriade*. A coup sûr on est immortel de droit quand on a eu une pareille idée ; aussi l'Académie, qui jusque-là avait dit à ce grand homme : Repassez dans vingt-cinq ans, lui dit : Repassez dans vingt ans.

Voltaire témoigna sa reconnaissance à diverses reprises à ce juré peseur d'œufs de mouche dans des balances de toile d'araignée. *Le pauvre diable* a bien voulu se charger d'apprendre ce grand nom aux races futures ; c'est là, je pense, la meilleure recommandation pour l'immortalité de l'abbé Trublet.

Ayant puisé à toutes les cervelles, il repartit pour Saint-Malo, où il passa à peu près le reste de sa vie. Il n'était jamais longtemps à reparaître à Paris, d'abord pour écouter, ensuite pour faire ses visites à l'Académie. A chaque vacance, il arrivait par le coche, allait offrir son image grotesque à tous les académiciens, n'obtenait pas le fauteuil, et s'en retournait sans impatience, répétant cette vieille maxime : « Frappez, et l'on vous ouvrira. » Sa persistance amusait beaucoup, tout le monde en parlait pour en rire. Si on voulait indiquer un temps très éloigné, on disait : C'était au temps où l'abbé Trublet se présentait à l'Académie. Piron divertissait beaucoup son monde avec ce ridicule de l'abbé Trublet. Un jour, il mit la tête à la fenêtre; comme il demeurait presque en face de Fontenelle, il voit sortir un enterrement de la porte du poëte centenaire : — A merveille, dit-il, voilà des visites pour l'abbé Trublet. — Il ferme sa fenêtre, taille sa plume et écrit d'office à l'abbé Trublet de venir en toute hâte :

« Ils ne sont plus que trente-neuf, leur doyen d'âge s'est enfin décidé à déguerpir. Venez donc, on vous attend. Le fauteuil de Fontenelle vous revient de droit, à vous qui l'avez écouté si longtemps.

« Piron. »

L'abbé Trublet abandonne son troupeau, il arrive, comme toujours, par le coche avec un discours sur Fontenelle; il va pour remercier ce persiffleur de Piron : que rencontre-t-il ? M. de Fontenelle lui-même, qui allait présider l'Académie.

— Eh bien! mon cher chanoine, est-ce qu'il y a une place vacante à l'Académie?

— Hélas! répond le pauvre abbé en regardant Fontenelle des pieds à la tête, il faut avouer que ce coquin de Piron est un bien mauvais plaisant.

Piron avait écrit de bonne foi ; le mort qu'il avait vu partir était le célèbre M. Daube, le neveu de Fontenelle. Piron s'était naturellement mis dans la tête que l'oncle, âgé de cent ans, devait partir avant le neveu qui n'en avait que cinquante.

Chez madame d'Épinay, Grimm, Duclos, Helvétius et Diderot, se sont amusés longtemps à faire le roman de l'abbé Trublet ; c'étaient des tableaux, des portraits, des grotesques à mourir de rire. Ils supposaient que, s'offrant à chaque vacance, il avait toujours quarante éloges tout faits, dans l'espoir de succéder à un des quarante, si bien que, dès qu'il avait manqué une place, il s'en retournait à Saint-Malo faire, entre la chaire à prêcher et le confessionnal, l'éloge de celui qui avait obtenu le dernier fauteuil. Ces messieurs voulaient pousser la plaisanterie jusqu'à imaginer de lui faire perdre son portefeuille sur la route de Saint-Malo, pour l'imprimer. Mais c'était là une plaisanterie un peu laborieuse, car il ne s'agissait de rien moins que d'écrire dans le goût de l'abbé quarante éloges funèbres des quarante académiciens vivants. C'eût été d'ailleurs très piquant pour tout le monde, même pour les académiciens. On aurait écrit à la tête de chaque éloge : *Au cas que je succède à monsieur un tel.*

Après quarante voyages par le coche, l'abbé Trublet entra à l'Académie sans dire gare, au grand étonnement des vrais académiciens. La reine, touchée de la patience de l'abbé autant que de son zèle pour la religion, pria le président Hénault d'ouvrir les portes du sanctuaire à son protégé. Le président Hénault forma une petite cabale dans le plus grand secret; tout alla si bien que l'abbé fut nommé. Voisenon observe, non pas tout à fait pour flatter l'Académie, que l'abbé Trublet n'y fut pas ridicule, quoiqu'il eût été partout ridicule.

Le croira-t-on ? Il ne fut pas plutôt de l'Académie qu'il découvrit avec sa pénétration habituelle que ce n'était pas la peine d'avoir fait tant de chemin pour en être. Il tomba dans l'ennui et dans le dégoût des grandeurs littéraires ; l'Académie, qui de loin lui apparaissait avec mille charmes attrayants, comme une jeune épouse qui promet des faveurs sans nombre, l'Académie ne fut bientôt plus pour lui qu'une vieille femme bavarde et tracassière. N'y pouvant plus tenir, il s'en sépara violemment ; il abandonna, comme dit Grimm, le théâtre de ses souffrances et de son triomphe ; il retourna à Saint-Malo, où il languit pendant cinq ans tout en répétant sans cesse : « Je suis pourtant archidiacre et académicien ! »

Enfin Dieu lui fit la grâce de le rappeler là-haut au mois de mars de l'an 1770. A l'heure qu'il est, l'abbé Trublet est dans le purgatoire à côté de son ami Fontenelle, écoutant et transcrivant, comme il a fait ici-bas; du moins c'est la prédiction de Voltaire.

L'abbé Trublet a été le registre et le chiffonnier de la littérature pendant près d'un demi-siècle. A force de cribler dans sa mémoire le froment des autres, il avait conservé parmi la poussière et l'ivraie quelques grains de bon blé. Il a semé le tout ensemble. Quand la moisson est venue, que de gens auraient pu lui dire : Cet épi me revient! L'ivraie et les mauvaises herbes eussent formé le lot du pauvre abbé. On ne peut nier qu'il n'ait eu çà et là quelques semblants de bel-esprit. Il se disait fin comme l'ambre; comme l'ombre, lui disait-on. On disait aussi en jouant sur les mots : *l'abbé troublé*. Dans son petit style, il gazouillait comme un petit oiseau; comme le petit oiseau, il avait toutes sortes de petites gentillesses. De l'école pernicieuse de Fontenelle, il parait ou déparait son style de toute espèce de fanfreluches et de clinquant. Il a publié un livre sur Fontenelle, sous le titre de : *L'esprit de M. de Fontenelle;* à n'en croire que ce livre, Fontenelle était un pauvre homme. L'abbé Trublet, qui voulait mettre de l'esprit partout, croyait avoir trouvé l'esprit de la ponctuation; il passait beaucoup plus de temps à placer ses points et virgules qu'à écrire. Si je voulais avoir de cet esprit-là, je finirais son histoire par un point d'exclamation. En effet, il y a bien de quoi !

III

Pour vous consoler de ce portrait, un des

plus tristes que puisse faire la critique, je vais vous esquisser légèrement celui d'un autre original, d'une nature noble et digne jusque dans l'infortune. C'était un Anglais. Il se fit connaître en France, vers 1772, sous le nom de Thomas Dhèle. Son véritable nom était *Hales*, qui en Angleterre se prononce comme *hélas*. Le pauvre Dhèle eut souvent cette exclamation sur les lèvres.

Il est né en 1740, dans le comté de Glocester. Son père, baronnet aventureux, avait voulu que le seul descendant de sa maison, quelque peu illustre, affrontât les dangers de la mer. Après une enfance grave et studieuse, Thomas Dhèle passa dans la marine. Il fit bravement la guerre de la Jamaïque. Il voyagea par tout le globe, séjourna longtemps en Suisse et en Italie, arriva à Paris, vers 1770, avec les débris de son patrimoine, très affaibli par toutes ses courses, ayant, comme le dit

Grétry, reçu plus d'un coup de pied de Bacchus et de Vénus. Malgré sa violente ardeur pour le plaisir, sa figure conservait je ne sais quoi de calme, de digne et de sévère qui lui attirait presque de la vénération. Il était d'une belle taille, les lignes de sa figure rappelaient certains portraits de Van-Dyck, sa bouche exprimait une insouciance dédaigneuse. A Paris, il ne tarda pas à se ruiner tout à fait, grâce aux beaux yeux de la maîtresse de l'hôtel où il était descendu. Quand il se vit sans ressources, il se mit à faire des comédies pour le Théâtre-Italien. Il avait l'esprit si sûr, que sa première pièce est un petit chef-d'œuvre comme mise en scène et comme dialogue. Il travaillait lentement, mais ne voulait jamais retoucher à son œuvre, disant que la raison du lendemain ne vaut pas mieux que la raison de la veille. A la Comédie-Italienne, il toucha, bon an mal an, plus de mille écus.

Mais qu'est-ce que cela pour un baronnet anglais qui a dispersé son patrimoine au vent des voyages ? Durant les dix années qu'il vécut à Paris, on ne le vit jamais plus de trois mois à son aise. Grâce à son insouciance, il passait sa vie au For-l'Évêque quand il ne la passait pas au café. Quelle que fût sa pauvreté soudaine, elle n'altéra jamais en rien la fierté de son âme ni celle de ses habitudes. Quelque mal vêtu qu'il fût, son maintien annonçait l'homme bien né. Grétry, qui nous a laissé des notes sur Dhèle, raconte qu'il l'a vu longtemps presque nu ; il n'inspirait pas la pitié, sa contenance noble et sévère semblait dire : Je suis homme; que peut-il me manquer? C'était la fierté d'un Espagnol avec le calme et l'insouciance d'un Anglais.

Il fut un des meilleurs critiques de son temps, quoi qu'il n'écrivît pas ses jugements. Au théâtre, il jugeait sans appel ; il voyait toujours clair dans l'horizon politique; c'était d'après les conjectures qu'il formait que souvent les nouvellistes ouvraient des paris. Il ne parlait jamais de lui, par discrétion pour les autres comme par respect pour lui-même.

Il débuta au théâtre, de concert avec Grétry, par *le Jugement de Midas*. C'est une charmante comédie, dont le fond rappelle un peu un opéra burlesque du Vadé de l'Angleterre. L'esprit original de Dhèle, agréablement couvert par la fraîche et gracieuse musique de Grétry, obtint tous les suffrages des Parisiens, qui trouvaient fort doux d'applaudir les Anglais à l'Opéra-Comique et de les siffler dans la Manche ou sur l'Océan. Le succès fut éclatant. Les auteurs furent appelés sur le théâtre; Dhèle, assez mal équipé, vint gravement, sans plaisir et sans ennui. « C'est, dit-il, l'épilogue obligé de ma comédie. » Comme Apollon tombe des nues à l'ouverture du premier acte, il se trouva un plaisant pour faire une pointe : « Monsieur Dhèle, votre pièce tombe des nues, il faut bien qu'elle y remonte. » L'Académie, ne sachant que faire dans ses ennuis, se mêla du *Jugement de Midas.* Elle se permit de médire un peu de l'auteur des paroles. Dhèle, pour toute réponse, se contenta de dédier sa pièce à l'Académie. Il est vrai que cette réponse en valait bien une autre.

Un an après, Dhèle et Grétry, qui ont toujours vécu en bon accord, achevèrent *l'Amour jaloux.* Le sujet est encore inspiré d'une comédie anglaise, *the Wonder.* La pièce fut d'abord jouée à Versailles avec un grand succès. Le jour de la représentation, pendant que Grétry se pavanait au château dans son naïf orgueil, Dhèle était tout simplement attablé dans un cabaret de Versailles, comme un homme revenu des vanités humaines. Le succès de *l'Amour jaloux* grandit encore à la Comédie-Italienne. On commença à se demander quel était cet Anglais asssz original pour avoir tout autant d'esprit qu'un Français; on se raconta mille histoires sur son compte; on voulut le voir pour mieux juger des ses singularités. — Je ne leur parais un homme singulier, dit-il, que parce qu'ils ne sont pas simples. L'homme simple, c'est moi.

Le duc d'Orléans, apprenant que Dhèle passait presque toutes les après-midi au *Café du Caveau*, au Palais-Royal, se déguisa et descendit pour le voir. Il trouva un homme grave comme un buveur flamand, les jambes croisées ou étendues sur une chaise, rêvant à loisir sans s'inquiéter des assistants; rêvant à quoi ? Rêvant d'amour, car Dhèle était toujours amoureux; toutes les passions semblaient s'être anéanties chez lui pour ranimer celle des femmes. S'il daignait se mêler à la conversation, il parlait peu, toujours bien; il ne se donnait pas la peine de dire ce que l'on doit savoir; il interrompait les bavards, en disant d'un ton sec : *C'est imprimé.* S'il approuvait, c'était d'un léger coup de tête; si on l'impatientait par des bêtises, il croisait les jambes en les serrant de toutes ses forces, il humait du tabac et regardait ailleurs.

Le duc d'Orléans fut émerveillé. Comme il savait que Dhèle avait des dettes, il lui dépêcha, le lendemain, un valet de pied avec cent louis.

— Vous direz que c'est le premier terme échu d'une pension que le duc d'Orléans accorde à M. Dhèle pour son éloquence.

Le valet trouve Dhèle couché dans un lit assez dur.

— Je vous dérange, monsieur?

— Oui.

— Vous dormiez?

— Non.

— C'est bien vous qui êtes monsieur Dhèle?

— Oui.

— Faut-il que je ferme la porte?

— Non, car si tu bavardes longtemps...

— Ne vous fâchez pas, je viens de la part de monseigneur le duc d'Orléans.

— Eh bien?

— Monseigneur vous envoie le premier paiement d'une pension que son altesse vous accorde pour votre éloquence.

— C'est bien.

— Voici cent louis.

— Prenez-en un pour vous.

— Est-ce là tout ce que je dirai à monseigneur?

— Oui.

— Mais...

— Allez, le duc d'Orléans connaît mon éloquence.

Trois ou quatre mois après, les cent louis n'étaient plus dans sa bourse, on le croira sans peine. Grétry reçoit du duc d'Orléans, chez qui on venait de jouer *le Jugement de Midas*, cent louis à partager avec Dhèle. Grétry écrivit à Dhèle en lui envoyant sa part; il répondit au domestique : C'est bon. Grétry, un peu piqué de n'avoir pas eu de réponse à sa lettre, espère que Dhèle lui répondra de vive voix; mais vingt fois il le rencontre en vain. A la fin, il ne peut s'empêcher de lui dire :

— Vous avez sans doute reçu...

— Oui, dit Dhèle sans ajouter un seul mot.

Il fut cité comme un modèle d'ingratitude, parce qu'il semblait oublier les bienfaiteurs en oubliant les bienfaits. Oubliait-il ?

Un jour, au *Café du Caveau*, un homme l'insulte, après lui avoir prêté de l'argent à fonds perdus, il est vrai. — Me voilà forcé de me battre, dit Dhèle; c'est un gaspillage de temps. — L'emprunteur et le débiteur, pour aller plus vite, se rendent sans témoins dans un jardin du voisinage. A peine en garde, Dhèle, qui avait pour lui le calme et la taille, fait très gracieusement sauter l'épée de son adversaire, et lui dit avec sa gravité habituelle :

— Si je n'étais pas votre débiteur, je vous tuerais ; si nous avions des témoins, je vous blesserais ; nous sommes seuls, je vous pardonne.

Il était la proie d'une indigne maîtresse. Un jour, il se réveille et voit un huissier qui s'incline.

— Combien ? lui demande-t-il.

— Dix louis, répond l'huissier.

Dhèle se soulève, prend sa plume, et écrit à Grétry :

« Dix louis ou le For-l'Évêque. »

Grétry vient avec les dix louis.

— Qui donc est assez fâcheux, mon cher

Dhèle, pour vous troubler pour si peu?

— Je ne sais pas.

— Vous devriez le savoir.

— A quoi bon?

Grétry prend la requête du jugement dont l'huissier est armé.

— Comment! c'est encore votre maîtresse d'hôtel! (Grétry appuya sur le mot maîtresse.) Savez-vous ce qu'elle vous réclame par ce jugement? le loyer du lit où vous êtes.

— Non pas de mon lit, mais du sien, dit Dhèle. C'est égal, payez et n'en parlons plus.

Dans le plus beau temps de sa misère, Dhèle entre chez un ami qui vient de sortir; il est frappé par la vue d'une belle culotte; il songe que la sienne a fait son temps. Il revêt sans façon la culotte de son ami, et s'en va enchanté de cette trouvaille. L'ami revient et trouve une guenille au pied de son lit. — Ma culotte! où est ma culotte? — Dhèle est venu, mais il ne peut croire Dhèle coupable d'un pareil trait. Le soir, cependant, il va au *Café du Caveau.* Du premier coup d'œil, il reconnut son bien. Dhèle le salue comme d'habitude. L'ami, de plus en plus surpris, frappe gaiement sur la jambe de Dhèle.

— N'est-ce pas là ?...

— Oui, dit Dhèle de l'air du monde le plus tranquille, je n'en avais pas.

Dhèle eut l'idée de faire un roman ; il l'écrivit en moins d'un jour. Je vous défie d'y trouver un mot de trop, et pourtant il y a tout un roman par les idées, les caractères, les aventures. Ce roman sans divagations, sans vulgarités, sans longueurs, fut une satire des romans du xviiie siècle ; sans contredit, c'est bien plutôt la satire des romans d'aujourd'hui. Plus d'un romancier pourrait, en le lisant, faire un fâcheux retour sur ses œuvres. Le roman de Dhèle a pour titre :

LE ROMAN DE MON ONCLE.

D'Orville débuta dans le monde par se donner des ridicules : il n'aimait ni le jeu, ni le vin, ni les chevaux de course, ni les filles d'Opéra. Cependant son éducation s'était faite à Paris, et il avait eu pour instituteur un abbé; mais, comme vous savez, la nature ne se corrige pas. Les dispositions naturelles de d'Orville s'étaient accrues par la lecture des romans; il y avait puisé des sentiments si contraires à la morale du jour, et il se donnait si peu de peine pour les cacher, que ses meilleurs amis le regardaient comme un franc original. C'est dommage, disait-on; ce garçon a de l'esprit, de la figure, mais il ne fera jamais rien. — Aussi n'avait-il envie de rien faire, excepté son bonheur. Pour y parvenir, il n'était, selon lui, qu'un moyen, d'aimer et d'être aimé, mais aimé comme on l'est dans un roman. Un mariage d'ambition

et même de convenance paraissait à ses yeux un esclavage insupportable, et sur ce point il poussait l'extravagance aussi loin que l'Émile du citoyen de Genève. L'oncle de d'Orville, M. Rondon, qui n'était qu'un citoyen de Paris, gémissait des travers de son héritier. Il voulait à toute force le marier avec madame de Faventine, jeune veuve fort riche et d'une famille distinguée. Il avait beau le vouloir, la répugnance de d'Orville était insurmontable.
— Épargnez-vous, mon cher oncle, disait-il, des soins superflus, et laissez-moi, de grâce, celui de mon propre établissement; je ne veux pas de votre belle veuve, et même je vous déclare que c'est la dernière femme à qui je donnerais ma main. — Mais tu ne l'as pas vue. — Ni ne veux la voir. Comment! pour m'avoir aperçu dans je ne sais quel lieu public, cette femme se décide, s'adresse à vous, et me demande en mariage, comme elle de-

manderait une pièce d'étoffe chez Buffault!
Quel amour! quelle délicatesse! — Mais si tu
savais combien elle est belle, combien elle est
aimable! — Eh! que ne l'épousez-vous donc
vous-même? j'y consens.— Oui, mais elle n'y
consentirait pas; malheureusement elle préfère vingt-cinq ans à cinquante, sans quoi je
te réponds que la chose serait déjà faite, et
j'aurais le double plaisir de punir et de faire
mon bonheur. — Et celui de vos amis. —
D'Orville! d'Orville! respecte madame de Faventine, ou nous nous brouillerons tout à fait.
— Mon oncle, du respect tant qu'il vous
plaira, mais point de mariage. — Le bonhomme Rondon se mordait les lèvres, tordait
le cordon de sa canne, murmurait entre ses
dents les mots d'expérience, d'autorité, d'exhérédation; mais rien ne pouvait vaincre
l'opiniâtreté du neveu. Le refus de d'Orville
ne venait pas uniquement du système roma-

nesque qu'il s'était fait; il aimait, ou du moins il croyait aimer, ce qui revient au même. Il avait rencontré au bal de l'Opéra un masque dont l'esprit lui avait paru si délicat, si fin, si opposé aux lieux communs, aux propos insipides qui règnent dans ces fêtes nocturnes, qu'il se crut l'homme du monde le plus heureux en obtenant un rendez-vous pour le bal prochain. L'inconnue s'y rendit sans même se faire attendre, toujours masquée jusqu'aux dents, mais toujours aimable, spirituelle, intéressante. Les entretiens se renouvelèrent tant que le carnaval dura; et quoiqu'on persistât constamment à garder le masque (ce qui est regardé comme un mauvais signe par les savants), le plus joli pied et la plus belle main du monde faisaient augurer favorablement du reste. D'Orville, qui avait de l'imagination, épris de tout ce qu'on lui laissait voir, devint aisément amoureux de tout ce qu'on s'obstinait à lui cacher. Ce fut au milieu de son ivresse que son oncle vint lui proposer l'alliance de madame de Faventine, et qu'il essuya un refus dont il était loin de démêler la véritable cause. Enfin la saison des rendez-vous allait s'écouler, sans que d'Orville eût pu savoir le nom ou la demeure de sa chère inconnue. Pour s'en instruire, il ne lui restait plus que le dernier bal. Il s'y rendit à minuit précis, déterminé à tout entreprendre, prières, pleurs, et même espionnage : mais l'inconnue ne s'y trouva pas. Accablé de douleur et de dépit, d'Orville sort le dernier du bal et se rend chez lui. A peine est-il entré, qu'il reçoit la visite de son oncle. Nouvelles propositions de la part de la jeune veuve; nouveaux refus de celle de d'Orville. Que mon sort est bizarre! se disait-il à lui-même; une femme qui ne m'a jamais parlé s'obstine à vouloir m'épouser, et moi je m'obstine à aimer une femme que je n'ai jamais vue! On dirait qu'elles se sont donné le mot pour me faire enrager, l'une par son silence, l'autre par ses importunités. — Soit qu'il eût deviné juste ou non, les deux dames continuèrent à tenir la même conduite; et le pauvre d'Orville, après avoir attendu vainement des nouvelles de son inconnue pendant trois semaines entières, prit le parti de se délivrer des persécutions de son oncle en s'éloignant de Paris. Il avait communiqué son projet à un de ses amis, qui lui prêta une maison à deux lieues de la ville : ce fut là que d'Orville se réfugia, sans autre compagnie que celle de La Fleur, son valet de chambre.

Un jour qu'il se promenait dans le bois voisin, il aperçut deux jeunes paysannes assises sous un arbre; la propreté et même l'élégance de leurs ajustements villageois frappa d'abord ses regards. L'une tenait un livre qu'elle paraissait lire avec intérêt; l'autre, les coudes appuyés sur les genoux et le visage penché sur ses mains, était dans l'attitude d'une personne qui écoute; la blancheur de ses mains rappelait à d'Orville celles de son inconnue. « Ciel! disait-il, que serait-ce si le visage y répondait! » Cette exclamation interrompit la lecture. « Ma sœur! Babet! levez-vous, v'là du monde!.... » Babet se relève toute confuse, et découvre des attraits d'une grâce, d'une naïveté, dont le pinceau de Greuze pourrait seul donner l'idée. Quelle découverte pour une imagination romanesque! Tant de beauté, et dans un bois! comment y résister? D'Orville n'en eut pas même envie. Enchanté d'une aventure si conforme à son caractère, il cède sans effort au penchant qui l'entraîne. « Qui que vous soyez, dit-il aux deux villageoises, ne vous alarmez pas de ma présence. Je ne viens pas troubler votre solitude ni vos plaisirs innocents; mais, de grâce, souffrez que je les partage, et soyez sûres que je n'abuserai pas de votre confiance. » Ce discours n'était pas brillant, mais il fut prononcé d'un ton si timide, qu'il fit effet, car en amour la timidité est toujours persuasive. Babet et sa compagne, rassurées peu à peu, consentent à reprendre leurs places sur l'herbe, et l'heureux d'Orville obtient la permission de s'asseoir auprès d'elles. Il veut les encourager à reprendre leur lecture; mais Nicole, la moins jeune des paysannes, préfère la conversation. D'Orville apprend qu'elle est veuve du fermier de la terre dont son ami est seigneur; qu'elle y demeure avec sa cousine Babet; que cette pauvre Babet n'avait pas pu trouver un mari qui lui convînt; qu'à la vérité Babet est un peu difficile, qu'elle voudrait un prétendu comme on en trouve dans les livres d'histoire; mais damè! tout le monde n'a pas ce bonheur-là. « Tu l'auras, Babet, disait tout bas d'Orville, si ton cœur peut répondre au mien. » Nicole allait continuer un discours qui ne pouvait être qu'intéressant puisque Babet en était le sujet, lorsque la nuit vint l'avertir qu'il fallait se retirer; mais elle promit de se retrouver avec sa cousine au même endroit le lendemain au soir. D'Orville, rentré chez lui, se livra à toutes les idées qu'une pareille aventure pouvait faire naître dans un esprit romanesque. La Fleur est chargé de se rendre de grand matin auprès des deux cousines pour s'informer de leur santé, pour s'instruire de leur manière de vivre et surtout pour chercher à démêler si Babet n'a pas quelque inclination secrète. Le valet habile remplit sa commission au gré de son maître, et revient avec le rapport le plus satisfaisant. Le soir enfin arrive, et les deux villageoises reparaissent au même endroit. La Fleur donne le bras à Nicole ; d'Orville profite de l'exemple, et donne le sien à Babet. La promenade est longue sans être fatigante ; d'Orville parle d'amour, et on l'écoute. Le lendemain, cet entretien se répète, et, quoique répété, devient encore plus intéressant ; de jour en jour l'amour fait des progrès nouveaux, et Babet enfin prononce l'aveu qui met le comble au bonheur de son amant. Sur cet aveu touchant, d'Orville se décide sans hésiter à braver tous les préjugés de la naissance et de la fortune, et à suivre aveuglément tous les sentiments de son cœur. Il vole au château pour donner l'ordre à La Fleur de faire les préparatifs d'une fête champêtre, où l'amour et l'hymen doivent présider, lorsque le bruit d'une voiture se fait entendre dans la cour : c'est notre oncle : « Te voilà enfin retrouvé, dit le bonhomme en se jetant dans un fauteuil. Quitte-t-on ainsi ses parents, ses amis, sa maîtresse, pour s'enterrer dans un bois? J'ai appris tes fredaines, tes amourettes au bal de l'Opéra. — Comment! mon oncle, vous savez... — Je sais tout, mais va, je te pardonne. Apprends que la charmante inconnue dont tu es si épris n'est autre que madame de Faventine. — Ciel! serait-il possible? — Oh! très possible, et pour t'en convaincre tu vas l'apprendre de sa bouche, car elle arrive avec moi. — Comment! elle serait ici? Non, jamais, jamais je ne pourrai la voir. Sachez, mon oncle, tout mon malheur, si c'en est un d'aimer et d'être aimé; j'ai formé un nouveau lien; je renonce à la fortune, aux grâces, à l'esprit; j'épouse la candeur, l'ingénuité, la beauté; mon parti est pris, et rien ne saurait m'en détourner : ainsi, par grâce, par pitié, mon cher oncle, évitez à madame de Faventine une humiliation qu'elle a si peu méritée. — Prières inutiles! tu la verras, tu lui parleras, et tu le lui apprendras toi-même si tu en as le courage.... Mais la voici. » A ces mots la porte s'ouvre, madame de Faventine paraît, et quel est l'étonnement de l'heureux d'Orville, lorsqu'il reconnaît en elle sa charmante villageoise! Pénétré d'amour et de joie, il se précipite à ses genoux. « Quoi! lui dit-il, c'est vous, c'est vous, madame! vous, mon aimable inconnue, vous, ma chère Babet! Quel nom faut-il enfin que je vons donne? — Le vôtre, » lui dit-elle en le relevant.

Ce roman n'est-il pas très joli? Délayé en deux volumes in-octavo grâce à la description notariale, au paysage pittoresque, à l'analyse microscopique, il ferait les délices des âmes sensibles qui rêvent aux lucarnes de la rue Saint-Denis et de la rue Saint-Jacques; l'auteur le publierait d'abord en trente-six feuilletons à bon marché, il le réimprimerait ensuite en deux volumes in-octavo; après quoi, qui sait? il trouverait un vaudeville. En un mot *le Roman de mon oncle* serait une petite mine de menue monnaie. Dhèle, qui n'avait pas l'imagination si riche ou plutôt qui n'avait pas l'imagination si pauvre, s'est contenté de dire tout juste ce qu'il fallait dire, en homme qui hait les vaines paroles. Aujourd'hui qu'on paye l'esprit à tant la ligne, comment Dhèle, avec tout son esprit, ferait-il pour gagner son pain, sa bière et son loyer? Il mourrait de faim courageusement en répétant ces paroles de Pythagore : « Taisez-vous, ou dites quelque chose de meilleur que le silence. »

A force de veiller, de respirer les quinquets du théâtre, l'air enfumé des tabagies, Dhèle tomba malade de la poitrine. Il fut en peu de temps à l'article de la mort. Il passa presque tout le mois de février 1780 dans son lit. Au printemps il se releva et se crut sauvé. Il se remit au travail et à l'amour. Il était devenu amoureux de la signora Bianchi, qui daignait le trouver amusant, qui peut-être l'aimait comme on aime toujours quiconque est franc et simple. Les mois d'avril et de mai furent pour lui tout un printemps d'amour. Cet homme si grave était un enfant auprès d'une femme, cet Anglais si calme aimait avec toute la délicatesse sentimentale d'un Français. Il parlait d'amour comme de toute chose, sans périphrase. C'était toujours la même éloquence brève et muette.

— Vous ne dites plus rien, Dhèle? lui demanda un soir madame Bianchi.

— Je vous aime.

— Après?

— Vous êtes belle.

— Et puis?

— Je vous aime.

Dhèle avait raison ; que peut-on dire de mieux ?

On supprima le théâtre Italien, la signora repartit pour l'Italie; ce fut là le coup de mort pour ce pauvre Thomas Dhèle; car, de l'aveu de tout le monde, il est mort d'amour. Il tenta vainement de retenir en France la charmante soubrette, qui, pour le consoler, lui promit de l'attendre à Venise. Il passa deux mois à chercher de l'argent pour la rejoindre. Pas une âme charitable ne vint en aide à son cœur. Grétry lui offrait cent louis, mais sur un opéra-comique à faire avant son départ. Il se remit au travail avec trop d'ardeur; il retomba malade; une fois qu'il eut repris le lit, il ne le quitta plus que pour le cercueil.

Il avait à son chevet un livre de postes et son opéra commencé. La situation des personnages de sa pièce venait le distraire sur sa situation; çà et là il s'aveuglait ainsi sur son chagrin, mais le chagrin tenait bon et dévorait le pauvre malade. Il ne voulait recevoir qui que ce fût, pour être tout à son amour. Grétry cependant put pénétrer dans la chambre de Dhèle à l'heure de la mort.

— Eh bien ! Dhèle ?

— Mieux.

— Et notre opéra ?

— Deux actes.

Dhèle feuilletait avec soin le livre de postes.

— Que cherchez-vous donc là ?

— Mon chemin.

— Où allez-vous ?

— A Venise.

— C'est donc une passion sérieuse ?

— Oui.

Dhèle, qui s'était soulevé, retomba sur l'oreiller; Grétry fut frappé de sa pâleur soudaine et de l'égarement de ses yeux.

— Voulez-vous boire? lui demanda-t-il.

— Non.

— Que voulez-vous, mon pauvre ami?

— Le livre de postes ; je voudrais choisir une route agréable en évitant les montagnes...

A cet instant Dhèle expira.

Que dirai-je de plus sur cet homme étrange par sa simplicité? Je ne dirai rien, car il serait capable, pour m'interrompre, de me crier du fond de son tombeau : *C'est imprimé.*

LA COURSE AU CLOCHER.

Il y a cinq ans qu'un jeune gentillâtre de la Normandie vint à Paris pour apprendre à mettre sa cravate, pour faire son droit, pour quelques autres motifs aussi frivoles. M. Anatole de G..., qui n'était dans son village qu'un rustre endimanché, devint à Paris, en moins de deux ans, un garçon fort distingué dans le beau monde ; mais ce chemin rapide lui avait coûté cher ; son temps, d'abord, car vous comprenez qu'il n'avait pas même songé à passer un premier examen de droit. Ensuite il avait fait une cruelle brèche à sa fortune. Au lieu d'aller habiter la rue Saint-Jacques ou la rue de la Harpe, en esprit laborieux qui ne veut pas des distractions mondaines, il avait débarqué en pleine rue Laffitte, où demeurait un de ses cousins, un rusé Normand qui vivait sur les variations du trois et du cinq. Grâce à ce cousin, Anatole, dès qu'il eut mis de côté ses habits et son esprit de province, fut conduit chez les grands seigneurs de la banque. La noblesse de titre était, parmi ces seigneurs d'un nouveau genre, en fort bonne odeur de sainteté ; Anatole, quoique plus gentillâtre que gentilhomme, fut bien accueilli partout. C'était d'ailleurs un joli cavalier, non pas encore accompli, mais promettant beaucoup. Il comprenait à merveille qu'à Paris, dans ce monde-là surtout, les apparences de l'esprit sont mieux cotées qu'un bon cœur; il comprenait à merveille que l'argent qu'on jette à propos par la fenêtre est une bonne semaille qui, tôt ou tard, produit une bonne moisson. Il s'habilla chez Rosier, monta à cheval, et se fit, tant à l'Opéra que chez Tortoni, la gazette de l'esprit parisien. La troisième année de son séjour à Paris, il était de plus en plus recherché, les femmes commençaient à parler de son *esprit* et de son *habit;* enfin l'heure de la gloire ou plutôt de la gloriole allait lui tinter aux oreilles. Il s'était lié par rencontre d'une amitié toute parisienne avec un agent de change que j'appellerai ici par pseudonyme M. Dubois. Il avait chargé ce banquier de ses affaires d'argent. Malgré les remontrances de M. Dubois, qui pressentait la déconfiture de son ami et de son client, Anatole poursuivit de plus belle ses brillantes folies, se disant ensuite en lui-même, pour consolation, qu'un homme d'esprit n'est jamais ruiné.

L'agent de change était marié depuis quelques années à une des plus jolies femmes de Paris. On n'a pas une belle femme sans qu'il en coûte, souvent de toutes les façons. Madame Dubois aimait beaucoup le monde comme toutes les femmes qui brillent par quelque côté, par l'esprit, par la beauté, par les grâces, par les amours; il y a tant de moyens de briller un peu à son tour. En conséquence, madame Dubois donnait des soirées charmantes, qui réunissaient un grand nombre de moyennes célébrités, demi-célébrités financières, demi-célébrités élégantes, demi-célébrités artistiques. Anatole, par ses façons aimables et son esprit toujours à l'ordre du jour, Anatole, par sa tournure gracieuse, son nom sonore et sa jolie figure, fut le héros de ces soirées. Jusque-là madame Dubois, toute préoccupée d'elle-même, des compliments de la veille et des parures du lendemain, n'avait guère remarqué Anatole; mais, dès qu'il fut de notoriété publique que c'était un beau et spirituel cavalier, elle daigna jeter sur lui un regard distrait : « En vérité, dit-elle, ce M. Anatole n'est pas mal. »

A partir de ce jour, Anatole fut plus assidu chez son agent de change. Comme ils avaient toujours ensemble des affaires à régler, M. Dubois ne pouvait se plaindre des visites d'Anatole; il était d'ailleurs loin de penser que sa femme fût pour quelque chose dans les visites de son client. Mais, au bout de quelques mois, quoiqu'il fût, soit par orgueil, soit par ignorance, un homme des moins clairvoyants, il vit bien à qui il avait affaire : « Diable, dit-il (dans cette occurrence, c'est toujours le diable qu'on implore), diable ! voilà l'écheveau du mariage qui s'embrouille. » Il demanda sans plus tarder à régler son compte avec Anatole. Une fois ce compte réglé, le pauvre Anatole calcula pour la première fois de sa vie.

« Il est un peu tard pour faire des calculs, lui dit l'agent de change ; il ne vous reste pas grand'chose, mon pauvre ami.

— Bah ! dit fièrement Anatole. Et toutes les dettes que je puis faire, les comptez-vous donc pour rien ? A propos, prêtez-moi dix mille francs, poursuivit-il avec beaucoup de laisser-aller ; vous aurez par là l'honneur, mon cher Dubois, d'être mon premier créancier.

— Sur quelle hypothèque ? dit l'agent de change en souriant.

— D'abord, reprit Anatole, à la mort de mon père, je recueillerai une succession fort alléchante. Je sais bien que mon père n'entendrait pas raison avant sa mort; mais, en attendant, est-ce que vous n'avez pas hypothèque sur ma personne? Tôt ou tard je ferai mon chemin.

— A Clichy, se dit en lui-même l'agent de change. Soit, dit-il tout haut en ouvrant son portefeuille et après une réflexion machiavélique; voilà dix mille francs; souscrivez-moi tout de suite un billet à ordre. Un bienfait n'est jamais perdu dit le proverbe. »

Anatole écrivit le billet à ordre, comme s'il eût écrit un billet à Rosine ou à Fanny.

« C'est bien, c'est bien, murmura l'agent de change quand Anatole fut parti. Voilà l'écheveau qui se débrouille; comme le diable, je tiens mon homme par un cheveu. »

M. Dubois était un mari spirituel, voulant à tout prix conserver le cœur de sa femme; dix mille francs pour ce coup d'État conjugal, ce n'était pas trop, en vérité, surtout si l'on songe que M. Dubois jouait avec l'argent. Il avait surpris plus d'une fois des traits de bonne volonté de madame Dubois pour M. Anatole ; il savait fort bien qu'on ne détruit pas l'empire d'un beau garçon dans le cœur d'une jeune femme par des attaques vulgaires. Le billet à ordre était à trois mois. Au bout de trois mois, Anatole ne pourrait rembourser ; il surviendrait un jugement contre lui, par ce jugement saisie et prise de corps. En un mot, ce billet à ordre n'était autre chose qu'une lettre de recommandation pour Clichy.

« Une fois à Clichy, disait l'agent de change, j'aurai le temps de respirer tout à mon aise ; ma femme me demandera des nouvelles de mon client, je répondrai naïvement à ma femme : Tu ne sais donc pas ? Ce grand fou vient de partir pour l'Italie avec une duchesse de rencontre ou une duchesse de pacotille. Ma femme se mordra les lèvres pendant huit jours, elle aura du dépit pendant trois semaines ; après quoi elle redeviendra madame Dubois comme devant. Voilà qui n'est pas mal raisonné, j'imagine. J'en suis donc quitte pour la peur. J'ai vu le commencement de cette intrigue ; mais, Dieu merci ! je n'en verrai pas la fin. »

Les trois mois se passèrent trop lentement au gré du mari. Il força sa femme à se distraire de temps en temps, en dehors de sa passion naissante. Comme c'était l'hiver, il la conduisit dans les bals, les concerts et les spectacles ; il dépensa beaucoup en parures, il fut galant outre mesure ; enfin il redevint un jeune mari.

Le jour de l'échéance, il reçut une lettre de son élégant débiteur ; il fit la sourde-oreille, il répondit qu'il n'était plus pour rien dans cette affaire, qu'il regrettait bien que la mauvaise tournure de la banque l'empêchât de disposer d'une nouvelle somme de dix mille francs pour tirer son ami de ce mauvais pas; mais, après tout, ajoutait-il, ce devait être une leçon profitable. Reculer pour cette créance, c'était se créer mille embarras futurs. Enfin, il conseillait à Anatole de faire une fin; grâce à son nom, à son esprit, à ses espérances, il pouvait trouver une femme, c'est-à-dire une dot.

En lisant la lettre de l'agent de change, Anatole vit bien qu'il était persiflé.

« C'est, dit-il, d'un jaloux qui me ferme sa bourse pour me fermer sa porte; mais il aura beau faire, il ne peut rien sur mon cœur ni sur le cœur de sa femme. Je suis son débiteur, soit; je trouverai bien de la monnaie pour le payer.

Le billet à ordre alla au tribunal de commerce, qui ordonna la saisie et la prise de corps. Anatole trouva moyen de sauver son cheval et de se sauver lui-même. Il alla habiter un hôtel de la rue de Rivoli.

« Prise de corps, disait-il pour se cacher son dépit, qu'importe? N'est-il pas du bel air de ne sortir qu'après le soleil couché? »

Il arrangea sa vie en conséquence. Cependant, pour monter à cheval, il se moquait de tous les gardes du commerce; son cheval, de pure race anglaise, était merveilleusement dressé pour la course, et même pour la course au clocher. C'était un noble animal, toujours prêt à tous les périls sur un seul mot de son maître; aussi Anatole l'aimait mieux que son meilleur ami. Il se fût résigné de fort bonne grâce à aller à Clichy, pourvu que Bajazet y fût enfermé.

Ainsi, Anatole ne sortait plus guère le jour, hormis à cheval; car, grâce à son cheval, il était encore de toutes les courses et de toutes les fêtes. Vinrent les promenades de Longchamps. Le second jour, au premier rayon du soleil, il fit seller Bajazet, et partit gai comme le printemps. Depuis près d'un mois, il avait à peine entrevu madame Dubois dans sa loge à l'Opéra; il lui avait écrit, mais en vain : M. Dubois était le directeur des postes dans sa maison. Anatole espérait revoir la jeune femme à Longchamps, où elle avait coutume d'aller, non pas tout à fait pour elle, mais pour montrer ses chevaux. L'espérance d'Anatole ne l'avait pas trompé; à peine dans les Champs-Élysées, il reconnut madame Dubois, qui était seule avec ses sœurs dans sa jolie calèche. Comme Anatole ne craignait jamais rien dès qu'il était sur son cheval, il ne craignit pas d'aborder Amélie; il piqua des deux, et fit caracoler Bajazet en cavalier qui veut entrer dignement en conversation. A sa vue, Amélie rougit et détourna la tête; mais après tout, comme entre eux il n'y avait point de billets à ordre, elle lui fit quoique froidement, assez bon accueil. Elle eut l'air d'ignorer la brouille survenue entre lui et son mari.

« Il y a bien longtemps que vous n'êtes venu nous voir, monsieur. Notre dernier bal a été très brillant; il n'y manquait rien, si ce n'est vous. Je vous croyais en Égypte ou en Chine.

— Ou à Clichy, comme disent les mauvaises langues, murmura tout bas la jeune sœur.

— Vous ne savez donc pas, répondit Anatole, que je n'ai le droit d'aller vous rendre visite qu'après le coucher du soleil? Je serais bien allé à votre dernier bal, mais M. Dubois n'aurait pas eu la charité de m'avertir à temps pour partir; je serais resté jusqu'au grand jour, et c'était fait de ma liberté. Pour la liberté de mon cœur, madame, il y a longtemps que... »

A cet instant Anatole vit à deux pas de lui

une figure qu'il crut reconnaître. Comme il ne tenait pas à renouveler connaissance, il fit demi-tour de l'autre côté de la voiture.

« Ah çà! monsieur, reprit Amélie, est-ce que nous jouons aux propos interrompus?

— Oui, oui, madame, répondit Anatole, qui avait toujours l'œil sur le nouveau venu. »

A cet instant même, madame Dubois et sa sœur furent très surprises de voir Anatole s'élancer sous les arbres, à travers les promeneurs, avec la rapidité d'une flèche. Le nouveau venu, qui avait pour monture un jeune cheval très fougueux, eut en une seconde dépassé Anatole.

— C'est un pari. — C'est un *steeple chase*. — C'est une course au clocher, s'écria-t-on de toutes parts au milieu de la confusion que venaient de jeter les deux cavaliers.

Tous les regards se tournèrent vers eux. Les plus curieux voulurent les suivre; plus d'une vingtaine de jeunes gens se détachèrent du groupe des promeneurs et se mirent sur les traces d'Anatole et de son compagnon de voyage. Des paris se formèrent; qui pour le cheval blanc, qui pour Bajazet. En moins d'une minute, des paris furent ouverts. Anatole était reconnu pour bon cavalier; on n'avait jamais vu l'autre, mais l'autre avait un cheval plus ardent. On fut bientôt à l'Arc-de-Triomphe; on traversa d'un saut la campagne qui s'étend de là jusqu'au bois de Boulogne; dans le bois de Boulogne, ce furent des détours sans nombre; l'un déchira son habit, l'autre perdit son chapeau. Les deux héros s'enfonçaient le mieux du monde dans les halliers, ils dédaignaient les routes battues, ils semblaient regretter de n'avoir point quelque petite rivière à traverser, enfin ils étaient dans toute la féroce ardeur du courre. Ils s'élancèrent vers Saint-Cloud, se jetèrent dans la montagne de Bellevue; ils se trouvèrent bientôt en pleine campagne. Jusque-là la victoire, si longtemps disputée, était encore incertaine. Bajazet regagnait en détours ce qu'il perdait en vitesse. Anatole, tout ruisselant, le flattait de la voix et de la main; Bajazet obéissait toujours sans broncher; il sautait sans y regarder à deux fois haies, fossés et ruisseaux. Il eût essayé bravement de traverser la Seine. Cependant le pauvre Bajazet, au bout de ses forces, commençait à fléchir du pied, le cheval blanc allait vaincre, déjà les parieurs prononçaient la victoire, quand les deux cavaliers arrivèrent en même temps devant le petit mur en ruines d'un parc.

Le soleil, près de se coucher, vint jeter un rayon sur ce tableau. Anatole, désespéré, s'écria : Bajazet! Bajazet! A la voix de son maître, Bajazet se ranime encore une fois, il s'élance, prend son vol, et disparaît au même instant de l'autre côté du mur. — Bravo! bravo! Bajazet! s'écrient tous les cavaliers qui ont parié pour lui et même quelques-uns de ceux qui ont parié contre lui, tant le triomphe était beau! Le cheval blanc s'est rebuté; en vain son maître l'a lancé deux fois, il s'est arrêté au pied du mur. L'inconnu, loin de se dire vaincu, semble en prendre son parti : il se détourne, voyant une entrée plus favorable au parc. En effet, du côté opposé, le mur est plus ruiné; en moins de quelques secondes il arrive près de Bajazet, près du pauvre Bajazet qui est expirant. L'inconnu saute à terre, et, sans s'arrêter à ce spectacle lamentable d'un noble cavalier roulé dans la poussière, embrassant son cheval qui va mourir, versant une larme bien amère sur ce noble ami qui ne lui a pas fait défaut, il dit à Anatole avec un sourire moqueur :

— Enfin vous êtes atteint, monsieur.

— Oui, dit Anatole en tournant la tête ; oui, je suis atteint ; mais voyez, monsieur le garde du commerce, le soleil est couché.

Je ne vous dirai pas si Anatole de G... revoit madame Dubois après le coucher du soleil ; cela ne regarde personne — excepté M. Dubois.

LA FEMME

L'AMANTE ET LA MAITRESSE.

Dès les premières années de Prudhon, on voit que ce fut là un peintre prédestiné. Il est né le 6 avril 1760, à Cluny, presque dans le même pays où est né Greuze. Ces deux hommes qui ont sauvé la peinture française, l'un en dépit de Boucher, l'autre en dépit de David, ont eu la même jeunesse. Greuze était fils d'un architecte, Prudhon était fils d'un maçon : architecte et maçon en province, n'est-ce pas souvent synonyme? Rien ne serait triste comme l'enfance de Prudhon s'il n'y avait sa mère pour répandre l'amour sur son berceau : ainsi de Greuze. Prudhon était né le treizième enfant du maçon; son père, pauvre pélican, qui mille fois s'était déchiré le flanc pour nourrir sa couvée, finit par succomber à cette vie de labeur et de sacrifice; il mourut à la peine, ne laissant à sa veuve désolée que Dieu seul pour appui. Dieu prit bien sa part du testament; il fit un peu de place au soleil à tous ces pauvres orphelins. Ce fut surtout sur Prudhon que tomba sa bonté; mais donner le génie à un homme, est-ce de la bonté divine? N'est-ce pas plutôt le soumettre aux plus rudes épreuves de ce monde, n'est-ce pas montrer le ciel à l'oiseau qui a perdu ses ailes? En effet, ce fut par un triste chemin, par un autre calvaire que Prudhon porta la croix du génie. Prudhon puisa sa force dans les larmes de sa mère. Le premier tableau que vit ce peintre, fut une mère désolée qui aime ses enfants et qui n'a souvent à leur donner que l'amour de son cœur et les larmes de ses yeux. Prudhon vit donc s'ouvrir la vie dans l'ombre, la vie du pauvre qui n'a que le travail pour appui et pour horizon la misère. Mais du moins, dans ce triste tableau, il y a une mère dont la douce et tendre figure se détachait sur une auréole divine. Cette figure de mère fut toujours la plus suave inspiration du peintre, c'est dans le souvenir de son enfance qu'il puisa cette douceur ineffable et cette angélique tendresse qui est l'âme de son génie. De bonne heure, Prudhon alla à l'école des moines de Cluny ; dès les premières leçons d'écriture, le voilà comme Callot dessinant mille profils fantasques ; au lieu d'apprendre à écrire, il apprend à dessiner. Ce n'est point avec les lettres de l'alphabet qu'il *exprimera sa pensée* et qu'il *parlera aux yeux ;* au lieu de l'art ingénieux chanté par Boileau, il s'exprimera avec l'art de Raphaël. Revenu à la maison, fuyant les jeux de son âge, il prend une aiguille et sculpte la passion de Notre-Seigneur sur du savon ou sur une pierre. Comme il a une charmante figure, les moines de l'abbaye le distinguent et s'attachent à lui ; il a le privilége de les suivre partout ; à l'heure de l'école il lui est permis de s'égarer dans les vastes dépendances du monastère. Il passe des journées en contemplation devant quelque sculpture ébréchée, devant quelque peinture moisie. Le monde est là pour lui ; l'œuvre de Dieu n'est pas ce qui le surprend, car rien n'est impossible à Dieu, mais l'œuvre de cette pauvre créature qui ne fait que montrer sa faiblesse ici-bas. Un jour, un moine, voyant son écolier en extase devant une Descente de Croix de quelque peintre ignoré, lui dit, sachant qu'il aime à dessiner : « Tu ne réussira pas, toi ; car cela est peint à l'huile. » Prudhon ne répond pas, il sort du monastère et court les champs tout en se demandant quelle est la manière de peindre à l'huile. Et d'abord il faut de la couleur, il faut mille teintes variées pour reproduire ce ciel, ces figures, ces draperies et ces paysages. Dans la prairie, il y a des primevères et des scabieuses, dans le seigle ondoyant des coquelicots et des bluets, sur le sentier des marguerites et des églantines. « Voilà mes couleurs trouvées, » s'écrie Prudhon. Il cueille des fleurs et des plantes ; il s'en va butinant partout. Il rentre à la maison joyeux et riche comme l'abeille à la ruche ; il exprime le jus de ses bouquets ; il cherche, il se trompe, il essaye, il se désespère; il retourne dans les champs, il rapporte une autre moisson : la maison de sa mère est tout un laboratoire; on se moque de lui, on le poursuit de quolibets; que lui importe! il est dans le chaos, mais il trouvera la lumière. En effet, au bout de quelques jours, Prudhon avait découvert à lui seul le secret de peindre à l'huile; il avait treize ans, l'âge de Pascal découvrant les mathématiques. Prudhon rentra victorieux à l'abbaye, les mains pleines d'ébauches. « Cela est peint à l'huile, dit-il au moine surpris de cet éclair de génie. — Comment as-tu donc fait, mon enfant? — J'ai cherché, j'ai trouvé; les chevaux ont des pinceaux à leur crinière, les plantes renferment des couleurs. » Le moine parla de Prudhon à son évêque, c'était au beau temps où chaque grand seigneur était né protecteur des arts. L'évêque de Mâcon enleva l'enfant à sa mère pour le confier à un peintre de province, Des Vosges, dont le nom n'est arrivé jusqu'à nous que parce qu'il eut Prudhon pour élève. Du reste, ce brave homme fut digne de sa mission, il eut le bon esprit d'être fier de guider le pinceau de l'enfant. Il comprit que ce serait là toute son œuvre. Prudhon, libre désormais de toute autre étude, prit le vol de l'aigle dans ce domaine de l'art. Ce fut un disciple souvent rebelle aux leçons du maître ; il avait ses idées à lui, il comprenait la beauté à sa manière, il avait une certaine façon de rendre la vérité qui lui semblait plus suave et plus douce que la façon des autres ; aussi plus d'une fois ce fut le maître qui prit une leçon.

Prudhon passait tout son temps dans l'atelier ; quand il prenait un jour de repos, c'était pour voler vers sa mère, sa mère toujours tendre, toujours triste, toujours inquiète, sa mère qui voyait alors sa nombreuse couvée déserter le nid natal et fuir, au hasard, à la grâce de Dieu, le sûr abri de ses ailes. La pauvre femme vivait de peu comme tout ce qui souffre ici-bas ; un rayon de soleil, le parfum des prés et des bois, quelques miettes d'une fortune depuis longtemps disséminée, l'amour de ses enfants, voilà quelle était sa vie.

Le jour où Prudhon tombait chez elle sans se faire annoncer était un jour de joie ; on s'embrassait, on pleurait, on se consolait. Ce jour-là le souper était presque gai ; le lendemain, avant de partir, on déjeunait encore ensemble, mais le repas s'attristait ; et pourtant rien n'était plus agréable que ce frugal déjeuner servi à la fenêtre par une main maternelle, en regard des vignes rougies ; mais il fallait partir ! En s'éloignant, le fils se retournait tout ému, déjà presque consolé par le tableau saisissant des belles campagnes du pays. De loin, au détour du sentier, il voyait sa mère penchée à la fenêtre, immobile comme une statue, perdue dans son amour et dans sa tristesse. Prudhon se rappela toujours avec un charme ineffable ses poétiques visites à sa mère; le voyage et le retour, l'arrivée soudaine, la surprise silencieuse, le tendre babil du souper, le feu qui s'allumait dans l'âtre, cet âtre béni où Dieu, passant sur la terre, eût aimé à se reposer. Il se rappelait surtout les tristesses du départ, ce déjeuner qui n'était pour lui que le signal de l'adieu, enfin le sentier sinueux d'où il voyait encore sa mère. Ce fut vers ce temps-là que, voulant peindre une figure de fantaisie, il fut tout d'un coup surpris et joyeux de reconnaître sa mère, sa mère dans l'attitude qu'elle prenait à la fenêtre. C'était un vrai portrait qui ressemblait pour les yeux et pour le cœur, c'était la ligne, c'était le sentiment. Le pauvre Prudhon, ravi de son œuvre et n'ayant pas de quoi acheter un cadre, trouva plus simple d'encadrer au pinceau cette figure tant aimée dans la fenêtre de la maison natale. Jusque-là, Prudhon, âgé de seize ans, n'avait aimé que deux choses, la peinture et sa mère, amour béni du ciel, joie sainte et glorieuse, délices matinales d'un cœur à peine ouvert : un troisième amour vint tout gâter.

Le pauvre Prudhon était né pour souffrir ; ce qui fait le bonheur des autres devait flétrir sa jeunesse. Le ciel de l'adolescence est comme le ciel d'avril, les giboulées le traversent en tous sens ; le cœur de l'homme, avant de ressentir les purs rayons de l'amour, porte les nuages trompeurs de la volupté ; avant d'aimer on désire ; la lèvre frémit déjà quand le cœur palpite à peine. Prudhon rencontra par la ville, il n'a pas dit comment, une jeune fille, plus agaçante que belle, plus folle que passionnée, qui le séduisit de prime abord sans qu'il sût pourquoi. A coup sûr, ce n'était pas là l'idéal du peintre des grâces modernes, des grâces souriantes encore, mais qui sourient après avoir pleuré. Pendant que l'âme de Prudhon s'égarait dans le pays des rêves, à la poursuite des plus fraîches, des plus belles, des plus adorables chimères, ses yeux, éblouis par les fumées de l'amour, s'arrêtèrent sur cette fille qui n'avait rien dans le cœur, si ce n'est des bourrasques, comme Dieu en donne à toutes les femmes pour tempérer le culte des hommes envers les créatures d'ici-bas. Grâce au prisme de la jeunesse, Prudhon fut assez longtemps sans s'apercevoir qu'il s'était mépris; il parait sa maîtresse de toutes les grâces mensongères qu'il rêvait, il jugeait de son cœur par le sien, il ne pouvait croire qu'on eût dix-sept ans sans posséder la poésie de cet âge enchanté; cependant peu à peu les illusions tombèrent comme tombent les roses de l'églantier. Bientôt la main de Prudhon ne rencontra plus que les épines. Les mauvaises femmes sont hérissées comme le houx, la jeune fille devint bientôt une mauvaise femme. Il faut tout dire, si Prudhon avait donné son cœur, elle avait sacrifié sa vertu, mais était-ce bien un sacrifice? L'abîme était profond; Prudhon, qui n'était encore qu'un enfant, fut averti bientôt qu'il allait devenir père. Cette révélation fut un coup terrible pour son cœur et pour son imagination. Qu'avait-il à faire? Fuir Mâcon, fuir sa maîtresse, fuir son enfant, c'était le conseil de la peinture; mais que deviendrait-il, cet exilé sans ressources? Dieu bénirait-il la route de celui qui abandonne ce qu'il a aimé, ce qu'il va aimer? Où irait-il d'ailleurs? que deviendrait-il? trouverait-il un seul ami? Il se résigna à rester, c'est-à-dire à épouser sa maîtresse. Pauvre enfant!

le voilà marié à l'âge où les autres vont, libres comme le vent, consulter tous les hasards de la vie; le voilà contraint, lui qui aime la solitude et le silence, à vivre à deux, à trois, à quatre, que sais-je! Voilà la prose qui vient, avec ses souliers ferrés, fouler le vert gazon de sa poésie. Le mariage et l'amour, dit un ancien, ce sont les deux ailes d'un oiseau qui le conduisent tantôt dans les splendeurs du ciel, tantôt dans les solitudes de la forêt, tantôt sur les roches de la source : pour Prudhon le mariage n'aura qu'une aile; le voilà cloué sur la terre après avoir connu les domaines de l'aigle.

A peine fut-il marié d'un an, qu'il compta deux enfants dans son atelier. Ces enfants mal nippés ne venaient pas inspirer bien poétiquement leur père; cependant ils lui servirent de modèles pour ces jolis groupes où son talent se montre si gracieux et si naïf.

Malgré les soucis souvent rongeurs et les devoirs quelquefois desséchants de la famille, Prudhon demeura tendre, généreux, enthousiaste. Les états de Bourgogne avaient établi un concours pour un grand prix de peinture; ils envoyaient tous les ans à Rome le lauréat de la province. Prudhon, qui concourait, était à l'œuvre comme de coutume avec une noble ardeur. Un jour, à travers la cloison qui le sépare de son voisin, il entend des plaintes, des gémissements, des sanglots; un élève se désespérait et s'indignait contre son inspiration. Prudhon sourit d'abord, il s'attendrit ensuite, et, s'oubliant lui-même, il détacha une planche, pénétra dans la loge voisine et acheva la composition de son camarade. La générosité lui donna plus de talent qu'il n'en avait eu jusque-là : aussi son camarade obtint le prix; mais honteux de sa victoire, il avoua qu'il la devait à Prudhon. Les états de Bourgogne réparèrent l'erreur : un cri d'admiration se répandit avec éclat; ses émules l'embrassèrent et le portèrent en triomphe par toute la ville.

Il partit pour Rome, laissant sa femme et ses enfants à la garde de sa mère et de Dieu, espérant revenir de la ville éternelle, sinon riche, du moins avec assez de talent pour le devenir; il partit heureux de retrouver sa liberté, ébloui par cet horizon de chefs-d'œuvre qu'il allait étudier.

Arrivé à Rome, il trouva un ami dans Canova; cette amitié fut la plus belle, la plus noble, la plus sainte de sa vie : tout s'y trouva, jusqu'au sacrifice; elle consola Prudhon de l'amour.

« Il y a trois hommes ici, lui dit un jour Canova, dont je suis jaloux. — Je ne connais et je n'aime que vous, lui répondit Prudhon. — Et Raphaël, et Léonard de Vinci, et le Corrége, reprit Canova; vous passez tout votre temps avec eux, vous leur confiez vos rêves, vous allez de l'un à l'autre, de celui-ci à celui-là, vous n'avez jamais fini d'admirer ce qu'ils disent. » Prudhon, en effet, étudiait sans cesse avec ces trois maîtres qu'il appelait quelquefois les trois Grâces. Mais le Corrége était son maître le plus aimé.

Si Prudhon eût écouté Canova, il eût passé sa vie à Rome, loin de la France qui lui fut ingrate, loin de sa femme qui lui fut infidèle. Le proverbe dit que les absents ont tort; pour les imaginations poétiques, les absents ont raison : le souvenir ne garde en amour que le côté charmant, c'est un miroir magique où les mauvais tableaux ne se reflètent jamais. Or, Prudhon avait aimé sa patrie et sa femme : par les prismes du lointain, toutes deux lui apparaissaient plus souriantes que jamais; il revoyait avec un charme infini les beaux paysages de la Bourgogne; sa femme elle-même avait repris, grâce à l'absence, je ne sais quel attrait perdu de sa première jeunesse. Et puis il avait laissé là-bas un autre amour plus grave, sa vieille mère qui l'attendait pour mourir. Malgré les instances de Canova, il partit, lui promettant de revenir bientôt. Ils ne se revirent pas, mais ils furent fidèles à l'amitié, fidèles à ce point, qu'ils moururent en même temps comme pour se revoir là-haut dans l'immortelle galerie du roi des artistes.

Il arriva en France bien à propos : sa mère était morte; sa femme était, comme d'habitude, d'humeur peu conjugale; la France n'était plus un royaume et n'était pas encore une patrie : on était en 1789; les premières rumeurs de la révolution soufflaient sur le pays comme un vent d'orage. C'était l'heure de l'exil pour les arts. Prudhon, qui se résignait toujours, se résigna. Après avoir embrassé sa femme et ses enfants, il partit pour Paris, croyant qu'en tout temps, même en révolution, c'était encore le meilleur pays pour chercher fortune. Il arriva à Paris en fort mince équipage; il prit un gîte dans un pauvre hôtel plus ou moins garni, en attendant qu'il pût louer un atelier. Il ne trouva rien à faire et partant rien à manger. Ce train de vie ne pouvait le mener bien loin; quoique fier et misanthrope, il songea à avoir recours aux peintres renommés alors. Il n'y avait guère que David, Greuze et Girodet; il se présenta chez Greuze comme étant de son pays; il lui confia qu'il avait toute une famille à nourrir. « Avez-vous du talent? lui demanda Greuze. — Oui, répondit simplement Prudhon. — Tant pis! reprit Greuze; de la famille et du talent, voilà plus qu'il n'en faut pour mourir à la peine. Que diable voulez-vous faire avec du talent, aujourd'hui qu'il n'y a plus ni Dieu, ni diable, ni roi, ni cour, ni pauvres, ni riches? Moi qui vous parle, vous savez que je suis tout aussi grand peintre qu'un autre; voyez mes manchettes! »

Disant cela, Greuze, qui était un petit-maître vraiment fantasque pour ses habits, montra à Prudhon une paire de manchettes en lambeaux. « Si vous n'aviez pas de talent, poursuivit-il, le mal ne serait pas si grand, vous pourriez barbouiller des portraits pour le premier venu... — Ne vous ai-je point dit que j'avais une famille? interrompit Prudhon; je peindrai des enseignes s'il le faut, je serai ouvrier tant qu'il plaira à Dieu. »

En effet, Prudhon ouvrit boutique; il fit des portraits en miniature, il historia des têtes de lettres, des billets de concert, des factures de commerce; il enjoliva des cartes d'adresse et des boîtes à bonbons. « Je fais, disait-il avec un triste sourire, tout ce qui concerne mon état. »

C'était là un labeur plein d'angoisse ; il sentait bien qu'à ce métier il perdait son temps le plus précieux, ce temps béni du ciel que la jeunesse répand de ses mains fleuries. Pour se consoler, il vivait de peu et envoyait à sa famille le reste de son gain. A force de portraiturer des héros de pacotille à dix ou vingt francs par tête, il finit, au bout de deux ou trois ans, par amasser un millier d'écus destinés à lui permettre de redevenir artiste. Déjà l'horizon se rouvrait pour lui moins sombre et moins froid, la gloire qu'il avait perdue de vue recommençait à lui sourire. Il reprenait sa vie familière avec le Corrége, Raphaël et Léonard de Vinci ; il écrivait à Canova pour lui confier ses douleurs ; Canova lui envoyait l'espérance dans ses réponses. Greuze aussi lui disait d'espérer, Greuze avait de bonne foi et de bon cœur reconnu le génie de Prudhon. « Celui-là, disait-il souvent, ira plus loin que moi (et Greuze croyait avec raison aller plus loin que David et Girodet). Il enfourchera les deux siècles avec des bottes de sept lieues. »

Mais le millier d'écus était le pot au lait de Perrette. Madame Prudhon, apprenant vaguement que son mari commençait à faire fortune, se mit en route pour le joindre avec ses enfants ; il fallut bien la recevoir, il fallut bien vivre en communauté de cœur et d'argent : tant qu'il y eut de l'argent, c'est-à-dire pendant trois mois, tout le reste alla bien ; mais quand la misère vint reprendre sa place au foyer, tout alla mal. Madame Prudhon aimait à briller comme toutes les femmes qui ne sont pas belles. Le pauvre peintre fut réduit à bercer et à amuser ses enfants. Il en eut bientôt six, six bouches impitoyables qui demandaient toujours. Souvent Greuze a surpris Prudhon ébauchant un tableau au milieu de ses six enfants, deux sur ses genoux, un sur le dossier de son fauteuil, les autres à ses pieds. Il ne se plaignait point; il accueillait tous ces cris, toutes ces gambades, tous ces caprices par un sourire de résignation qu'il avait appris de bonne heure.

Cependant la poésie vint à lui sous l'image de l'amour ou plutôt sous l'image de la poésie elle-même. C'est une fée qui ne se lasse jamais d'agiter la baguette d'or des enchantements; vous la croyez perdue sans retour, vous lui avez dit un adieu éternel, vous l'adorez comme un pieux souvenir; mais bientôt c'est plus qu'un souvenir, c'est une espérance encore; la voilà qui revient plus riche et plus prodigue que jamais, les mains pleines d'illusions, la tête couronnée de roses. Tout le monde a raconté la passion douce, tendre et gracieuse de Prudhon et de mademoiselle Meyer; je ne veux point nier le charme de cet amour, mais j'avoue qu'un autre amour oublié, dont personne ne parle et dont Prudhon parlait à peine, exhale pour mon âme un parfum bien plus suave. Si le premier a tout simplement le parfum de la rose, celui-ci est doux à respirer comme l'églantine.

En 1793, entre la mort du roi et celle de la reine, une jeune fille qui n'avait pas vingt ans se présenta un matin à l'atelier de Prudhon; le peintre était triste, il l'accueillit plus poliment que gracieusement.

« On m'a dit, murmura la jeune fille, que vous alliez vite à faire un portrait; comme je n'ai que bien peu de temps, je suis venue vous prier...

— Quel portrait voulez-vous ? demanda Prudhon. Est-ce un dessin, est-ce un pastel, ou bien est-ce un portrait à l'huile ? »

Elle sourit amèrement.

« Cela dure plus longtemps, dit-elle.

— Oui, reprit Prudhon qui venait de la regarder ; un portrait de vous ne peut durer trop longtemps. »

Il prit une petite toile et la posa sur son chevalet.

« Voulez-vous prendre une séance, mademoiselle ?

— Oh! oui, monsieur, car qui sait si je pourrai revenir. »

Prudhon lui offrit un fauteuil et chercha la pose ; il décida qu'il la peindrait de face, la tête inclinée. Il se mit aussitôt à l'œuvre. La jeune fille posa comme une statue ; elle était pâle, immobile et silencieuse. Tout en jetant les premiers traits, Prudhon cherchait à deviner quel était ce mystérieux modèle. Comme Prudhon était autant philosophe que peintre, il lisait plus couramment que tout autre dans les yeux des hommes. Cependant il *inventoria* en vain la jeune fille des pieds à la tête, il ne put se dire qui elle était, d'où elle venait et où elle allait ; sa pâleur glaciale, son silence de mort, son regard triste et profond, tout était mystère pour lui. Elle n'était pas dans l'équipage d'une grande dame, mais elle était vêtue en grande dame, quoique ses habits fussent un peu fanés. Elle avait une robe de soie bleue, un fichu de dentelle noire, un bonnet des plus simples que retenait négligemment sa chevelure blonde. Elle n'avait d'autre ornement que cette chevelure, dont quelques boucles rebelles tombaient sur son cou. La figure était bien du siècle, gracieuse jusqu'à la délicatesse, coquette dans le contour, belle d'une beauté que nous avons perdue, de cette beauté faite pour sourire, dont Mignard, Boucher, Latour et Greuze ont été les peintres ordinaires. Par malheur la jeune fille ne souriait pas; on ne souriait plus alors : il y avait toujours une larme à répandre ou une larme à essuyer. Mais en était-elle moins belle? Cette tristesse du cœur qui se peignait sur la figure ne lui donnait-elle pas un accent plus noble? Si elle séduisait moins les yeux, elle allait plus vite à l'âme; aussi Prudhon, après l'avoir contemplée durant quelques minutes, se sentit plein de sympathie pour cette sœur d'infortune. Depuis trois ans il avait fait bien de tristes portraits. Dans ce beau temps où il n'y avait plus de propriétés, un peintre de portraits était un faiseur de testament : en effet, on ne pouvait alors léguer que son portrait. Prudhon avait gardé le souvenir d'une foule d'histoires curieuses, où son pinceau, sinon lui-même, avait joué un rôle. Plus d'une fois il avait failli être victime de sa bonne volonté pour peindre les aristocrates. Un jour, entre autres, un cordelier était venu dans son atelier lui déclarer que la république ne voyait pas d'un bon œil ses portraitures de ci-devants. Mais jusque-là la plus noble tristesse qu'il ait eu à peindre était celle de cette jeune fille. Une curiosité toute fraternelle venant à le saisir, il ne put s'empêcher de l'interroger un peu.

« Mademoiselle, vous voulez votre portrait avec cette expression de tristesse et de désespoir?

— Qu'importe, répondit-elle, ne sera-ce pas toujours mon portrait? pourtant... »

Elle n'acheva point sa phrase, madame Prudhon étant survenue tout d'un coup comme une bourrasque.

« Dieu merci, dit-elle avec colère en jetant un enfant aux pieds du peintre, ils en font de belles par là, je m'en lave les mains. Les entends-tu crier et se battre? C'est l'enfer, je ne suis point destinée à cela. Gouvernez votre maison comme il vous plaira, point d'argent, point de suisse. Tenez, les voilà qui viennent, je m'en vais. »

Disant cela, elle alla droit à la porte.

« Quel pauvre homme ! » murmura-t-elle entre ses dents.

Elle s'arrêta pour regarder avec insolence la jeune fille qui posait ; mais, craignant d'avoir à consoler les enfants qui arrivaient alors comme un troupeau indiscipliné, elle partit aussitôt sans s'inquiéter du reste. Où allait-elle ? Prudhon n'en savait rien. Cependant les six enfants avaient pris l'atelier d'assaut ; le pauvre peintre, confus et humilié, ne savait plus que faire : la jeune fille n'avait pas de temps à perdre, mais comment travailler à ce divin portrait au milieu de tout ce bruit argentin qui retentissait dans l'atelier, à la merci de tous ces petits démons capricieux qui gambadaient de toutes parts ? Prudhon leva un regard suppliant vers la jeune fille : elle avait compris, elle répondit par un sourire de fraternelle compassion.

« Allez toujours, ajouta-t-elle, j'aime les enfants.

— Les jolis enfants, dit le peintre, mais ceux-là ! barbouillés, mal peignés, déguenillés comme ils sont ! que voulez-vous, c'est Dieu qui les donne, je ne m'en plains pas; seulement je regrette que Dieu ait oublié de mettre un cœur dans le sein de leur mère. »

A cet instant, un marmot vint sans façon caresser avec ses petites mains la robe de la jeune fille, Prudhon frappa du pied et fit un signe menaçant.

« Ce n'est pas la peine, » dit-elle doucement.

Elle prit dans ses blanches mains la jolie tête de l'enfant et l'embrassa sur le front. Prudhon continua le portrait en silence, échangeant çà et là un regard attendri avec l'inconnue. Après une séance de plus de cinq heures, une rougeur subite succéda à la pâleur de cette belle figure. Elle se leva, disant qu'elle n'avait plus la force de poser davantage, Prudhon s'empressa d'ouvrir la fenêtre, mais sans attendre qu'un air plus pur pénétrât dans l'atelier, elle s'avança vers la porte :

« A demain, » dit-elle.

Elle revint tout d'un coup sur ses pas pour voir où en était le portrait.

« Je crois, dit Prudhon, avoir saisi vos traits et votre expression. D'ailleurs je puis travailler un peu sans vous, vous ne serez plus là, mais je croirai vous voir encore; j'ai la mémoire bien faite, il n'y a que les pauvres figures que j'oublie tout de suite; la beauté me frappe longtemps, je ne l'oublie jamais.

— Hélas! murmura-t-elle en soupirant.

— Pourtant, reprit Prudhon, je ne sais si dans votre portrait j'ai pu saisir la grâce de votre cou., j'ai mal noué ce fichu, si j'osais...

— Demain, » dit-elle en s'éloignant.

Le lendemain elle ne vint pas. Tout ému encore de son souvenir, Prudhon acheva la tête; il faut dire qu'il peignait alors ses portraits plutôt en façon de croquis qu'autrement. Il attendit; le surlendemain, il peignit et attendit encore; toute la semaine se passa ainsi. Il retouchait au portrait plutôt pour lui que pour le portrait; il trouvait un charme ineffable à rêver devant cette figure qui était comme une vision pour lui. La semaine suivante, quelques personnes étant venues à son atelier pour se faire peindre en miniature, il mit de côté ce triste et charmant portrait, ne désespérant pas de revoir bientôt l'original. Du reste, en dépit des nouvelles figures, en dépit de sa femme qui n'était point au bout de ses aménités conjugales, il vivait, du moins il laissait vivre son cœur dans le poétique souvenir de la jeune fille.

Un mois se passa ainsi; les soucis paternels,

les chagrins domestiques, le travail persévérant, commençaient à apaiser ce souvenir doux comme un rêve d'amour. Un jour qu'il cherchait le repos, Prudhon sortit pour se promener ; il suivit les quais, un grand tumulte l'appela sur la place Louis XV : c'était pourtant alors une chose bien commune et bien simple.... on allait guillotiner vingt aristocrates qui avaient *conspiré* contre *le salut* de la république une et indivisible, c'est-à-dire vingt pauvres victimes prises au hasard parmi les personnes fidèles à l'amitié, au malheur, à l'élégance, à l'esprit et à Dieu, ce qui était bien pis.

C'était la seconde fois que Prudhon assistait à une pareille boucherie ; il suivit d'un regard compatissant la fatale charrette qui allait lentement, comme toujours, dans une haie de sans-culottes et de bonnets rouges. Il s'approcha peu à peu ; tout d'un coup une image le frappe : c'est elle, c'est la jeune fille qui n'est pas revenue. *A demain*, avait-elle dit : le lendemain sans doute elle était allée en prison.

Prudhon ne peut en croire ses yeux; il chancelle, il pâlit, il perd la tête. Il s'approche encore : c'est bien elle, toujours elle, avec sa robe bleue, son fichu de dentelle noire, son bonnet fané et ses cheveux blonds. Elle est triste et résignée comme le jour où elle est venue dans son atelier; rien n'a donc changé pour elle? Déjà sans doute elle voyait la mort à l'horizon. « Mon Dieu, dit Prudhon avec amertume, celle-ci a donc aussi conspiré contre la république? Qu'a-t-elle fait pour être traînée à la guillotine avec ses cheveux blonds et ses vingt ans? » Comme il se parlait ainsi tout bas, il lui sembla que la condamnée lui avait fait un signe; il voulut fendre la foule pour s'élancer vers la charrette, dût-il se faire rouer ; mais l'émotion avait anéanti ses forces, il ne put se faire jour dans cette cohue féroce et bruyante, il perdit même la charrette de vue. Au milieu de la foule il avançait et reculait sans être maître de ses mouvements. Un mortel quart d'heure se passa ainsi. « Je ne voyais que le bruit, » disait-il plus tard en se rappelant ce fatal moment.

Dieu lui permit de revoir encore une fois la condamnée : elle montait lentement les degrés de l'échafaud, repoussant les services d'un valet de guillotine. Avant que le bourreau la saisît, elle eut le temps de regarder le ciel et de faire le signe de la croix. Le bourreau vint à elle, elle tressaillit et recula d'un pas. Pendant cette seconde, mille idées et mille sentiments traversèrent l'âme de Prudhon. Le croira-t-on ? c'est à peine s'il le croyait lui-même ! Prudhon ne se sentait pas seulement un homme devant ce lugubre tableau, devant ce funèbre théâtre, il était encore artiste. Ainsi il se rappela, en voyant les ondulations du cou de la jeune fille quand elle leva les yeux au ciel, quand elle baissa le front pour se signer, que dans le portrait la tête était mal attachée aux épaules. L'horrible idée à l'instant où cette belle et noble tête allait tomber! où ce cou virginal, que peut-être nulle lèvre n'avait touché, allait subir le hideux attouchement de la grande prostituée. Prudhon rentra malade chez lui ; il avait la fièvre, il avait presque le délire ; il s'enferma dans son atelier et y passa la nuit dévoré d'angoisses. On eût guillotiné sa sœur sans l'atteindre plus profondément. Quoique sans argent, il fut huit jours sans vouloir prendre un pinceau. Plus que jamais il était désespéré au point de ne plus croire à rien, pas même à son génie. Jugez comme il était à plaindre le malheureux artiste ! la première fois qu'il voulut se mettre à l'œuvre, il lui vint l'idée d'achever le portrait de la jeune fille, c'est-à-dire de retravailler le cou, ce beau cou blanc et gracieux comme celui d'un cygne ! Il accomplit même un jour la vision de Faust : il était seul, perdu dans sa douleur comme de coutume, en contemplation devant le portrait. « Il faut pourtant que je l'achève, » dit-il tout d'un coup sans savoir ce qu'il disait. Poussé par une main infernale, il court à la palette, saisit son pinceau, et, d'une main tout agitée devant la toile, il le trempe au hasard dans le carmin, il retouche le cou ; il s'imagine voir tomber une goutte de sang, dans son effroi son pinceau vacille, ce n'est plus une goutte de sang, c'est la marque du couteau qui déchire le cou tout entier.

Tout passe ici-bas, même le souvenir. Après avoir vécu pour ainsi dire avec cet étrange portrait, après bien des heures de fièvre, de délire et de rêverie passées avec l'ombre de cette jeune fille, Prudhon finit par l'oublier ou à peu près. Ce ne fut bientôt plus qu'un songe du passé, un amour perdu, une étoile dans la nuit. Le portrait était demeuré dans l'atelier parmi les mille ébauches de l'artiste. A peine s'il y jetait de temps en temps un regard attristé. Seulement il éprouvait une joie funèbre à penser que plus tard, quand l'heure serait venue pour lui (si jamais cette heure-là devait sonner) de prendre un peu de repos et de vivre en secouant les parfums de sa jeunesse, il pourrait s'enivrer tristement de ce souvenir adoré. Que de trésors du cœur on amasse ainsi, pour ne pas les dépenser plus tard, tant on a hâte de toujours marcher en avant.

En 1798, Greuze, vers la fin de l'hiver, présenta à Prudhon un jeune homme de noble famille, qui, pendant quatre années d'exil, s'était distrait dans l'amour de la peinture. Greuze le connaissait à peine, il ne savait même pas son nom, il l'avait rencontré dans un salon où il se disait baron de Bergwald ou de Hochwald, mais c'était là à coup sûr un pseudonyme qui l'abritait contre d'anciennes inimitiés. A la première vue, on jugeait bien qu'il était Français; il en avait l'accent et les manières, mais Greuze ne s'en inquiétait pas : les artistes n'ont qu'un pays. Après une visite d'une demi-heure, le jeune homme demanda à Prudhon la liberté de revenir; il revint peu de jours après. Cette fois, voyant la bonne volonté de Prudhon, il prit le temps de visiter l'atelier depuis les tableaux jusqu'aux cartons.

« C'est bien étonnant, dit-il en voyant le portrait de l'inconnue.

— Que trouvez-vous donc d'étonnant? demanda Prudhon, surpris de l'exclamation du jeune homme.

— Rien, rien, répondit celui-ci pâle et

ému; la vue de ce cou tout barbouillé m'a presque fait peur.

— C'est une bien triste histoire, reprit Prudhon.

— Je vous écoute, » murmura le jeune homme en s'asseyant.

Le peintre raconta en peu de mots ce qui s'était passé. Après le récit, le jeune homme, pâle et abattu comme s'il eût assisté à un drame terrible, ou comme si cette histoire lui eût rappelé une page de sa vie, demanda à Prudhon s'il consentirait à lui vendre le portrait. Prudhon fut retenu par l'idée de profaner un cher souvenir.

« Non, dit-il, j'aime ce portrait, c'est pour moi celui d'une sœur, et d'ailleurs ai-je bien le droit de le vendre? La pauvre fille, sans doute pressentant sa mort, avait voulu laisser ce souvenir à son père, à son frère ou à son amant.

— Vous comprenez que s'ils ont guillotiné cette pauvre fille, ils n'ont pas fait grâce à des hommes. Mais je respecte vos raisons : accordez-moi seulement la grâce d'emporter ce portrait pour le montrer à ma sœur, c'est presque son portrait.

—L'emporter! Comme il vous plaira. Faites bien mes compliments à mademoiselle votre sœur, surtout si elle ressemble à cette noble et malheureuse fille. »

Le jeune homme emporta sans plus de façon la toile sous son bras. Le soir même, un domestique des plus silencieux vint remettre à Prudhon un rouleau de 150 louis sans vouloir dire au nom de qui il venait. A toutes les questions de Prudhon, il répondit en allemand. Le peintre, ne pouvant parvenir à forcer ce domestique de remporter l'argent, se promit de remettre les 150 louis au jeune homme à sa première visite. Mais le jeune homme ne revint jamais. Après quinze jours d'attente, Prudhon, impatienté, alla raconter son aventure à Greuze. Greuze n'avait revu ce mystérieux personnage qu'une seule fois ; il apprit bientôt qu'il était retourné en Allemagne ; il ne put jamais dire à Prudhon si c'était le baron de Bergwald ou de Hochwald. Prudhon éprouva une vraie peine de cœur à se sentir séparé de son cher et triste portrait. Plus d'une fois il se surprit peignant dans ses têtes de vierge les traits adorés de ce divin modèle qui avait posé dans son atelier, et, il n'osait se l'avouer, sur la guillotine !

Cependant le temps, loin de calmer l'humeur altière et vagabonde de madame Prudhon, l'irrita davantage. La bourrasque soufflait toujours sur le feu ; dépitée de perdre en vieillissant les grâces maussades qu'elle avait reçues de la nature, n'ayant ni la vertu, ni l'esprit, ni la maternité pour refuge, elle devint encore plus acariâtre et plus méchante, « toute hérissée d'épines, » disait Prudhon. Quoiqu'il eût sur ce chapitre la bonhomie de La Fontaine, il finit par perdre patience. Après dix-huit ans d'une pareille communauté, on perdrait patience à moins, le peintre prit une résolution violente; il se sépara de corps et de biens de madame Prudhon. C'était séparer le paradis de l'enfer. Comme c'était un galant homme, il fit une pension à feue sa femme et se voulut charger de tous les enfants. Le dirai-je? le suicide l'avait souvent tenté; plus d'une fois il avait été près d'en finir avec toutes ses misères. Il s'était toujours résigné à vivre pour ses enfants. Séparé de sa femme, il respira; le ciel lui sembla plus pur, la nature plus souriante et les hommes meilleurs; il va sans dire que les femmes y gagnèrent aussi. La fortune elle-même lui fut dès ce jour moins rebelle; elle vint plus d'une fois, sinon s'asseoir, du moins se reposer à sa porte. Il n'avait pas encore sa vraie place au soleil, mais il n'était plus dans la nuit : son génie commençait à poindre à l'horizon, non pas encore dans un horizon sans nuages. Tous les ennemis du vrai talent, les médiocrités de toutes sortes, les avortons et les sots tentaient d'obscurcir ce soleil levant. Ceux-ci, parce qu'il était sévère, lui niaient la grâce; ceux-là, parce qu'il était gracieux, lui niaient la sévérité. Il y avait si longtemps qu'on n'avait vu en France un peintre à la fois sévère et gracieux! Malgré les envieux, Prudhon en était arrivé à ce point de la route où tout ce qui se fait pour ou contre un talent lui ajoute de l'éclat.

Mais la gloire et la fortune arrivaient bien tard pour un homme de génie qui avait pâli jusqu'à plus de quarante ans dans la misère et l'obscurité, dans les soucis de la famille et les douleurs conjugales. Quoique jeune encore, Prudhon ne sentait plus la jeunesse autour de lui, son cœur était sombre et dévasté ; c'était le désert dans la nuit ; pas un rayon, pas une fleur ; l'espérance même, cette herbe qui pousse sur les tombeaux, ne verdoyait plus pour lui. Mais Dieu, touché sans doute de ses larmes et de son labeur, lui rendit la jeunesse. Il lui fut permis, comme par miracle, d'espérer et de sourire encore, de retrouver un long printemps d'amour, ou plutôt de traverser un automne plein de fleurs et de rayons, d'ombrages et de sentiers.

Greuze était mort, on était en 1803 ; sa meilleure élève, mademoiselle Mayer, voulant retrouver les grâces de son maître, alla droit à l'atelier de Prudhon. Ce peintre, dont la solitude était la plus douce compagne, ne consentit qu'à regret à aller donner des leçons à l'élève de son vieil ami. Cependant made-

moiselle Mayer avait beaucoup de séduction :
c'était une brune piquante, enjouée, enthousiaste, toujours souriante, toujours passionnée.
Elle était loin d'avoir la beauté que Prudhon
donnait à ses figures de vierges ou de nymphes ;
mais, malgré son teint basané et ses pommettes saillantes, elle avait un attrait qui
frappait les plus insensibles. Ses yeux et ses
lèvres répandaient du feu ; si sa figure n'était
pas faite par les Grâces, on voyait que l'Amour y avait mis la main. Prudhon, plus insensible que tous les autres, ne put se défendre
de prime abord d'un certain plaisir secret à
la vue de cette physionomie ardente et expressive que la religion de l'art ennoblissait.
Peu à peu les leçons devinrent plus longues ;
Prudhon ne s'en doutait point, mademoiselle
Mayer ne s'en plaignait point. Bientôt l'amour fut de la partie ; tantôt donnant, tantôt
prenant la leçon, l'amour n'était pas le plus

mauvais maître. Enfin le peintre et son élève s'aimèrent; l'un avec une tendresse rajeunie, l'autre avec toute l'ardeur de son âge. Vers ce temps-là, mademoiselle Mayer, ayant perdu son père, se réfugia chez Prudhon, ne croyant pas, dans la pureté de son cœur, qu'il y cût grand mal devant Dieu, à remplacer une mauvaise femme, qui n'avait laissé sur ses pas qu'abîme et dévastation. Elle avait un peu de fortune, elle en abandonna presque tous les revenus aux enfants de Prudhon. Parmi ces enfants, il y avait une fille de vingt ans, qui devint l'amie inséparable de cette seconde mère. Le monde, qui ne voit jamais d'un bon œil une nouvelle façon d'exercer la vertu chrétienne, surtout quand on brave les lois qu'il a faites, ne trouva pas une épigramme contre mademoiselle Mayer. C'est qu'elle n'avait pas rougi en entrant chez Prudhon; c'est qu'elle avait franchi le seuil le front haut, le cœur plein, avec la vertu pour compagne. La vertu des femmes n'est pas toujours la vaine pudeur, quelquefois c'est l'humble charité. Mademoiselle Mayer recueillit bientôt plus de preuves d'estime que bien des dames de qualité, mariées par-devant notaire et pardevant l'église. On comprit dans le monde qu'il y avait entre elle et Prudhon plus qu'un serment et une feuille de papier timbré. Partout où Prudhon était invité, mademoiselle Mayer l'était aussi. On les rencontra souvent au bal, au concert, à la promenade, avec la figure de gens qui sont heureux et fiers de vivre ensemble. On allait à eux, on les fêtait sans hypocrisie, on leur demandait sans malice des nouvelles de la jeune famille. Mademoiselle Mayer était la vraie mère des enfants de Prudhon; car n'est-ce pas l'amour qui fait la mère? Enfin ce mariage d'un nouveau genre parut légitime à tout le monde, même à Napoléon et à son gouvernement ; ainsi, quand les artistes furent délogés du Louvre, Prudhon et mademoiselle Mayer obtinrent chacun un appartement à la Sorbonne ; plus tard, le jour où Napoléon plaça de sa main royale une croix sur le cœur de Prudhon, deux jolis tableaux anacréontiques, de mademoiselle Mayer, furent achetés par une galanterie délicate au nom de l'empereur.

Le règne de Napoléon fut très favorable à l'artiste ; il fit le portrait de Joséphine, et donna des leçons de peinture à Marie-Louise. Il a laissé plusieurs portraits du roi de Rome et de M. de Talleyrand. Le fameux diplomate ne se lassait pas de poser dans l'atelier du peintre, pourvu qu'il trouvât à s'égayer avec l'esprit de mademoiselle Mayer. Plus d'une fois Prudhon eut à enregistrer bien des mots charmants lancés de part et d'autre ; aussi disait-il en finissant le portrait : « Il n'y manque que l'esprit. »

Prudhon avait le génie de l'allégorie. La ville de Paris lui demanda les dessins du berceau pour le roi de Rome. Il est curieux, aujourd'hui, de voir ce berceau où l'artiste avait en quelque sorte prédit l'avenir. Il s'élève sur quatre cornes d'abondance; il est appuyé sur la Force et la Justice ; des abeilles d'or le parsèment; à ses pieds un aiglon est prêt à prendre son vol. Il est ombragé d'un rideau de dentelles semé d'étoiles. Deux bas-reliefs ornent les côtés; d'un côté, la nymphe de la Seine, couchée sur son urne, reçoit l'enfant de la main des dieux; de l'autre côté on voit le Tibre, et près de lui la louve de Romulus; le dieu soulève sa tête couronnée de roseaux, pour voir à l'horizon un astre nouveau qui doit rendre à ses rives leur splendeur antique. Comme tous les oracles, Prudhon s'était singulièrement trompé. Où sont la Force et la

Justice qui semblaient devoir traverser le monde avec le roi de Rome? Où sont les cornes qui devaient répandre l'abondance aux quatre coins du globe? Et les abeilles d'or, où se sont-elles envolées? Et les étoiles, dans quel ciel ont-elles été l'attendre, ce roi dont le sceptre ne fut qu'un roseau?

Après avoir peint le berceau, il peignit l'enfant; il le peignit dormant dans un bosquet de palmes et de lauriers, éclairé par la gloire, protégé par deux tiges de la fleur impériale. Le roi de Rome, même sous le pinceau de Prudhon, n'est beau ni comme l'Amour ni comme un ange, ni comme son père ni comme sa mère; c'est tout simplement un marmot bouffi qui tend la main vers sa nourrice.

Prudhon, arrivé lentement au bonheur après les plus rudes épreuves, se détacha de jour en jour des vanités humaines : l'éclat et le bruit l'importunaient; il aimait mieux le pétillement du feu, le soir, quand la voix argentine de mademoiselle Mayer arrivait à son cœur avec la voix de ses enfants que toutes les fanfares de la gloire. Il adorait la peinture pour la peinture; aussi le jour de sa nomination à l'Institut, tout préoccupé par une figure de nymphe qu'il venait de créer, il conduisit un de ses amis devant la toile avec l'orgueil naïf d'un enfant. « Mais, lui dit le visiteur, n'avez-vous donc pas été nommé à l'Institut? — Ah! c'est vrai, dit Prudhon avec quelque surprise, j'oubliais de vous l'apprendre. »

Son bonheur était de ceux qui aiment l'ombre, le silence, la mélancolie. C'était un bonheur voilé par le souvenir et par le pressentiment. Selon un poëte arabe, le bonheur le plus pur est un ciel de printemps traversé de légers nuages. Celui qui est sous le ciel du bonheur ne cherche à voir que des nuages; il les suit du nord au midi, de l'orient à l'occident, espérant sans cesse que le ciel va devenir pur, mais sans cesse l'horizon chasse d'autres nuages; comme tous les hommes, Prudhon, quoique philosophe, voyait les nuages plutôt que le ciel. Entre l'horizon de l'avenir et l'horizon du passé, Dieu, mademoiselle Mayer, ses enfants, lui montraient en vain l'azur où vivent les bienheureux : il persistait à voir les nues.

Malgré sa gaieté native, mademoiselle Mayer finit par se couvrir peu à peu du voile de Prudhon. Il y avait près de vingt ans que ces deux amants vivaient des mêmes idées et des mêmes ardeurs. Vingt ans d'amour, c'est un peu long, qu'on soit époux ou qu'on soit amant. L'amour a des chaînes de fleurs, l'habitude n'a que des chaînes d'or, des chaînes pures, mais froides. De la gaieté folâtre, mademoiselle Mayer passa à la mélancolie qui sourit encore; de la mélancolie à la tristesse, il n'y a qu'un pas; en franchissant ce pas, mademoiselle Mayer, qui mettait de l'ardeur à tout, alla jusqu'à *la désespérance*. Elle se mit à cultiver avec une joie funèbre les pâles fleurs de la mort. En vain on lui demanda raison de sa tristesse. Elle ne répondait pas; s'il me fallait répondre pour elle, je dirais que le jour où elle vit la jeunesse qui fuyait loin d'elle avec les Grâces moqueuses, un fantôme vint la visiter et lui parler de la tombe, la tombe qui ensevelit les rides et les cheveux blancs. Ce fantôme, nous l'avons tous vu de près depuis deux générations, nous l'appelons le Suicide. Il parla longtemps de sa voix funèbre à mademoiselle Mayer, il ne lui fit pas grâce d'une année, il l'appela mademoiselle d'un air railleur, tout en lui parlant de ses quarante ans. Elle eut le vertige; durant trois jours elle vécut côte à côte avec la mort, quoique Prudhon demeurât près d'elle. L'abîme venait de s'ouvrir, elle ne put qu'y tomber.

Ici, j'en suis fâché pour cette histoire qui finirait mieux par une page de poésie, je n'ai plus qu'à reproduire une page de la *Gazette des Tribunaux*. Le matin 6 mars 1821, mademoiselle Mayer était seule dans son appartement; elle n'avait ce jour-là vu que son médecin et une jeune élève. La veille elle avait dit bonsoir à Prudhon avec des larmes dans la voix. Un bruit sourd appelle les gens du voisinage, on accourt, on se précipite, on trouve la pauvre femme baignée dans son sang, sous une glace où sans doute elle avait étudié la mort. En un mot, elle s'était coupé la gorge avec un rasoir de Prudhon. Pourquoi faut-il le dire? pourquoi faut-il expliquer la triste fin de cette vie toute de grâce et de cœur, d'art et d'amour? Prudhon, traversant la cour de la Sorbonne pour aller à l'Institut, eut le pressentiment de son malheur a la vue des quelques figures consternées qui voulurent lui cacher leur pâleur. Il monta en toute hâte à l'appartement de mademoiselle Mayer, il tomba tout chancelant sur le corps ensanglanté de celle qui avait voulu vivre et mourir pour lui.

Prudhon ne survécut guère à ce coup terrible, seulement son agonie fut lente. Jusqu'au dernier moment il tint fièrement son pinceau, disant qu'il voulait mourir sur la brèche. Quand la mort le prit, il s'abandonnait à cette belle inspiration qu'il a laissée dans son *Christ mourant* du musée. « La mort est venue deux ou trois jours trop tôt, mais je l'attendais, » disait-il à ses amis. En effet, il avait acheté les six pieds de terre où il repose au Père-Lachaise, vis-à-vis la sépulture de mademoiselle Mayer. Il allait souvent dans ses derniers jours, rêver sur ces deux tombes, « l'une qui s'est fermée sans moi, l'autre qui s'ouvre pour moi seul. » Aux amis qui assistaient à sa mort, il disait, avec son sourire de résigné : « Ne pleurez point, vous pleurez mon bonheur; je vais partir, je vais la rejoindre. »

HISTOIRE

PHILOSOPHIQUE D'UNE COMÉDIENNE.

Le xviiie siècle a vu s'épanouir en France une folle guirlande de belles filles presque toutes dignes par leur esprit de rappeler les courtisanes de la Grèce. Il s'est trouvé une Aspasie qui a donné des leçons de politique, sinon d'éloquence, à Louis XV, lequel n'était pas tout à fait Socrate ni Périclès; une Laïs, une Léontium, une Phryné, une Thaïs, une Thargélie, qui, sous les noms de Dubarry, de Guimard, de Laguerre, de Gaussin, de Sophie Arnould, enchantaient Versailles et Paris, la cour et le théâtre. Et comme dans l'ancienne Grèce Thaïs trouvait son Aristippe, Léontium son Épicure, — je ne parle pas des disciples, — Phryné son Praxitèle, Thargélie son Xercès ; en France, hormis Marion Delorme ou Ninon de Lenclos, la Pompadour ou la Dubarry, toutes ces folles et belles créatures se sont formées sur le théâtre, — le théâtre, *l'école des mœurs !*

Les esprits moroses condamnent du même coup, sans les entendre, toutes ces femmes si joyeuses et si tristes, « créatures perverses, indignes du souvenir des hommes ; pécheresses sans repentir, mortes dans le péché. » Voilà ce qu'ils disent dans leur indignation, sans une larme de charité pour ces sœurs perdues. Ils ont tort. Je ne viens pas ici me faire le mauvais avocat d'une mauvaise cause. Grâce à Dieu, l'autel de Bacchus est renversé, Cythère est noyée sous les larmes; le culte du sentiment l'emporte à jamais. La grappe rougit toujours sur la colline; mais plus que jamais l'âme a des ailes qui l'élèvent dans les splendeurs des cieux. Cependant je ne puis me défendre d'une compassion toute religieuse pour quelques-unes de ces femmes que je rencontre souvent sur mon chemin tout en cherchant l'histoire plus sérieuse du xviiie siècle. Comme elles ont pris beaucoup de place au soleil dans leur temps, l'histoire familière, celle qui se complaît aux lettres et aux arts, qui étudie sur la même page les idées et les folies, les figures et les passions, le vrai caractère en un mot, doit un regard à ces figures dédaignées par les *hommes graves*. Ces hommes graves, quand ils font gravement de l'histoire, me rappellent ce maçon cité par Diderot, qui croyait faire de l'histoire ancienne parce qu'il bâtissait une maison sur un modèle d'architecture romaine. Son voisin lui dit, ennuyé de ses prétentions : « Pour que votre histoire soit parfaite, il n'y manque plus guère que les gens qui habitaient cette maison. »

L'historien de bonne foi qui cherche la vérité partout doit oser aller partout; qu'il rougisse et qu'il s'indigne, mais qu'il aille. Rien de ce qui fleurit ou se fane sous le soleil n'est indigne de ses études; la muse est une vierge éternelle qui traverse le monde sans salir ses pieds blancs.

Du reste, ceci n'est rien autre chose qu'un simple portrait, un pastel, avec un sourire sur les lèvres, un nuage sur le front, un bouquet de roses sur le corsage.

Sophie Arnould est née à Paris, en plein carnaval de 1740; elle est née dans l'ancien hôtel Ponthieu, rue Béthisy, dans la chambre à coucher où fut assassiné l'amiral de Coligny et où mourut la belle duchesse de Montbazon. « Je suis venue au monde par une porte célèbre, disait Sophie Arnould. » Très jeune encore, son esprit avait pris une certaine tournure romanesque au souvenir des amours de madame de Montbazon et de M. de Rancé.

Cet ancien hôtel de Ponthieu était devenu un hôtel garni sous la direction du père et de la mère de Sophie Arnould. Ces braves gens avaient cinq enfants; mais grâce à leur bonne volonté et aux revenus de l'hôtel, ces enfants furent élevés avec une sollicitude pieuse et touchante. Sophie Arnould eut des maîtres comme une fille de bonne maison : maître de musique, maître de danse, maître de chant. Elle annonça de bonne heure qu'elle chanterait à séduire tout le monde; jamais sirène antique vantée par les poëtes n'eut dans la voix plus de mélodie et de fraîcheur. Sa mère comprit que cette voix était un trésor.

« Nous serons riches comme des princes, disait Sophie Arnould encore enfant, une bonne fée est venue à mon berceau, qui m'a douée de la magie de changer au son de ma voix toute chose en or et en diamants; d'autres vomissent des serpents et des couleuvres, moi je verserai des flots de perles, de rubis et de topazes. »

Sa mère la conduisit dans quelques communautés religieuses pour chanter les ténèbres. Un jour, au Val-de-Grâce, la princesse de Modène, qui y faisait sa retraite, ayant entendu la voix charmante de Sophie, lui ordonna de venir en son hôtel; la jeune fille avait déjà de la saillie, elle babillait avec la grâce d'un oiseau; elle acheva de séduire la duchesse, qui lui dit en lui donnant un collier : « Allez, allez, belle fille, vous chantez comme un ange, vous avez plus d'esprit qu'un ange; votre fortune est faite. »

Dès ce jour, le nom de Sophie Arnould courut par le monde; on parla de sa grâce, de ses beaux yeux, de ses reparties, mais surtout de sa voix enchanteresse. M. de Fondpertuis, intendant des menus-plaisirs, vint un jour la prendre dans son carrosse pour la conduire chez madame de Pompadour.

— Je vous défends de dire un mot, dit la noble courtisane; ne parlez pas, mais chantez.

Sophie chanta, sans se faire prier, un triolet de Philidor; jamais rossignol ne secoua tant de perles de son gosier, jamais chant printanier ne traversa le bocage avec plus de fraîcheur; c'était la rosée qui brille au matin sous un rayon de soleil. Madame de Pompadour applaudit avec enthousiasme. « Jeune fille, vous ferez quelque jour une charmante princesse. » Madame Arnould, qui était présente, craignant que sa fille ne jouât un trop grand rôle ici-bas, répondit à la marquise : « Je ne sais, madame, comment vous l'entendez. Ma fille n'a point assez de fortune pour épouser un prince; d'un autre côté, elle est trop bien élevée pour devenir une princesse de théâtre. »

Cependant, dès ce jour, Sophie Arnould fut dans le chemin de l'Opéra. Pour ne pas trop effrayer la mère, on lui dit d'abord que sa fille n'était inscrite que pour la musique du roi; mais bientôt Francœur, surintendant de la musique du roi, sollicita Sophie d'entrer à l'Opéra, lui disant qu'elle se devait à la France comme au roi, que tous les cœurs du royaume battraient de plaisir à son chant divin. « Aller à l'Opéra, dit-elle, c'est aller au diable, mais enfin c'est ma destinée. » Nous sommes tous ainsi, nous mettons nos torts, quels qu'ils soient, sur le compte de la destinée. Madame Arnould voulut résister de tout son pouvoir maternel. « Ce n'est point à l'Opéra, c'est au couvent que vous irez, » dit-elle à Sophie en l'enfermant dans sa chambre. Heureusement pour le diable, qui ne perd jamais son droit, que le roi de France daignait alors se mêler des plaisirs du public; il signa un ordre de conduire Sophie à l'Opéra par autorité de justice. « Eh! mon Dieu, dit la pauvre mère, que la volonté du roi soit faite et celle de ma fille aussi. » Elle ne désespéra point encore de sauver cette vertu déjà si apprivoisée; elle veilla sur sa fille avec la plus grande sollicitude; elle l'accompagnait à l'Opéra jusque dans les coulisses; les roués de 1757 avaient beau papillonner autour de la chanteuse, ils n'obtenaient pour toute faveur qu'un regard foudroyant de la mère.

Sophie Arnould débuta à dix-sept ans. Voici comment un gazetier du temps raconte son apparition à l'Opéra : « C'est la comédienne la plus naturelle, la plus onctueuse, la plus charmante qu'on ait encore vue. Elle n'est pas belle, mais elle a tous les attraits de la beauté. Celle-là n'a pas été gâtée par les maîtres ; elle est sortie telle qu'elle est des mains de la nature, aussi son début a été un triomphe. » En dépit du gazetier, Sophie Arnould, qui avait eu des maîtres, en prit d'autres encore. Mademoiselle Fel lui enseigna l'art du chant, mademoiselle Clairon lui enseigna l'art de la comédie.

Quinze jours après son début, Sophie Arnould était adorée de tout Paris ; quand elle devait paraître sur la scène, l'Opéra était envahi. « Je doute, disait Fréron, qu'on se donne tant de peine pour entrer au paradis. » Tous les gentilshommes du temps se disputaient la gloire de jeter à son passage, dans la coulisse, des bouquets à ses pieds. Elle passait avec nonchalance comme si elle eût déjà été habituée à ne marcher que sur des fleurs. Madame Arnould, qui était elle-même une femme d'esprit, disait à ces charmants importuns : « Ne jetez donc pas des épines sur son chemin. » Mais la mère eut beau faire, elle eut beau ouvrir de grands yeux ; l'amour, qui ne voit goutte, se glissa entre elle et sa fille. Parmi les jeunes seigneurs qui s'obstinaient à folâtrer sur les pas de Sophie, le comte de Lauraguais était le plus amoureux ; il voulut que la victoire fût à lui. Il tenta d'abord d'enlever la belle dans la coulisse ; cette première tentative échoua ; comme il avait de l'esprit et qu'il aimait les aventures, il imagina un moyen plus piquant : un soir qu'il soupait avec ses amis ; il leur déclara qu'avant quinze jours madame Arnould ne conduirait plus sa fille à l'Opéra. Le lendemain un jeune poëte de province débarqua sous le nom de Dorval à l'hôtel de Lisieux. Ses bonnes façons et son air timide frappèrent madame Arnould; il lui raconta d'un grand air de naïveté le but de son voyage; il avait laissé en Normandie une mère (qui vous ressemble, madame) et une sœur (qui ressemble à mademoiselle Sophie), pour venir chercher fortune à Paris dans les lettres.

—Pauvre enfant! s'écria madame Arnould, que n'êtes-vous resté là-bas auprès de votre mère et de votre sœur!

— Ne désespérez pas encore, reprit Dorval, j'ai là une tragédie digne d'être jouée par Lekain et Clairon. Ah! que de nuits j'ai passées avec délices autour de cette œuvre de mes vingt ans! Il faut bien vous le dire, madame, ce n'était pas seulement la gloire qui me souriait, c'était aussi l'amour.

Tout en parlant ainsi, Dorval jetait un regard de serpent à Sophie, qui écoutait avec la curiosité du cœur.

— Oui, madame, il y a dans mon pays une belle fille brune, piquante, enjouée, faite par l'amour et pour l'amour; je l'aime à la folie.

— C'est là une belle folie, murmura la chanteuse, séduite par l'air passionné du nouveau débarqué.

Une belle folie, dit la mère en prenant la mine sévère de l'Opéra; je ne vous conseille pas d'y tomber. Pour vous, monsieur, vous êtes bien à plaindre de venir chercher fortune à Paris, en compagnie de la poésie et de l'amour : amoureux et poëte, c'est être ruiné deux fois.

— Je ne suis pas de votre avis, dit Dorval : n'ai-je pas tous les trésors du cœur sous la main? Ah! si seulement je n'étais pas si loin du cœur de Sophie.

20.

— Sophie, dit la mère.

— Oui! c'est son nom de baptême; un joli nom à chanter en vers :

> Adieu, Sophie; adieu, ma belle ;
> Puisque l'hiver est dans ton cœur,
> Je m'en vais, comme l'hirondelle,
> Aimer dans un pays meilleur.

— C'est joliment tourné, dit la mère.

— Quoi! dit Sophie, vous n'êtes pas aimé!

— Non, mademoiselle, dit la mère avec impatience. Pourquoi voulez-vous que M. Dorval soit aimé avant le jour du mariage? Ce que c'est que d'étudier les mœurs sur le théâtre !

— Pardonnez-moi, dit Dorval, je ne suis pas aimé en vers, mais en prose...

— C'est assez déraisonner pour aujourd'hui, interrompit madame Arnould. M. Dorval, d'ailleurs, est sans doute fatigué. Voici la clef de sa chambre.

— Hélas! pensa Sophie, qui aimait déjà

à jouer sur les mots, il emporte la clef de mon cœur.

L'amour est éternellement condamné à jouer la comédie, à rechercher les masques, les surprises, les mensonges. L'amour qui va droit devant soi, sur la grande route commune, n'arrive jamais, il meurt à moitié chemin; mais l'amour qui va par les sentiers couverts ne manque jamais son coup; il surprend, et c'est fini. Les femmes cherchent autre chose que de l'amour dans le cœur des hommes, elles y cherchent de l'esprit. Elles tiennent toujours compte du roman qu'on prépare pour les vaincre; car, pour elles, l'amour est un roman; plus il est embrouillé, plus il les séduit. Le comte de Lauraguais connaissait bien les femmes. Débarquer de Normandie en poëte naïf et spirituel, qui vient chercher la gloire à Paris pour couronner sa maîtresse, n'était-ce pas débarquer en vrai don Juan auprès d'une comédienne qui voulait donner son cœur avant tout ?

Il faut le dire à la louange de Sophie Arnould, elle ne remarqua pas le comte de Lauraguais dans les coulisses de l'Opéra, où il arrivait toujours avec le fracas d'un prince héréditaire; elle aima du premier coup le poëte Dorval, qui lui apparaissait dans le triste équipage d'un poëte de province.

La conquête fut rapide; au bout d'une semaine, le poëte Dorval enlevait Sophie de l'hôtel de Lisieux. Jamais enlèvement ne fut plus doux et plus passionné : il la porta dans ses bras une demi-heure durant. Il avait donné rendez-vous à son laquais, mais cet homme s'était trompé de rue. Un demi-siècle après, devenu pair de France et duc de Brancas, le comte de Lauraguais racontait avec tout le feu de la jeunesse cet enlèvement romanesque :
« C'était Psyché; j'étais Zéphyr; j'avais des

ailes, les ailes de l'Amour. Pauvre tourterelle effarée! elle était si légère sur mon cœur, que je craignais de la voir s'envoler. Elle se mit à pleurer. — Que dira ma mère? — J'ai pour vous une belle rivière de diamants. — Ma pauvre mère! — J'ai aussi un collier de perles fines. — Qui la consolera? — A propos, j'oubliais de vous dire que j'ai loué pour vous un petit hôtel, un peu mieux garni que celui de Lisieux. » A cet instant, le comte retrouva son carrosse; le reste va sans dire : voilà pourquoi je ne le dis pas.

Cet événement mit en émoi la cour et la ville; on plaignit à la fois madame de Lauraguais et Sophie Arnould. On sait que le comte de Lauraguais se moquait de l'opinion comme d'une belle fille en carnaval qui change tous les jours de déguisements. Sophie était déjà à la mode dans le monde des passions profanes. Sa renommée resplendit d'un vif éclat;

on ne l'avait comparée qu'à Orphée, on la compara à Sapho et à Ninon. Comme elle avait de l'à-propos, une grande liberté d'esprit, des grâces folâtres dans le langage, il fut bientôt décidé qu'elle avait recueilli l'héritage de Fontenelle et de Piron ; chacune de ses reparties passa de bouche en bouche depuis Versailles jusqu'à la Courtille. Elle fut célébrée par toute la pléiade des poëtes gazouilleurs du temps. Ce ne fut pas tout pour sa gloire : l'encyclopédie se donna rendez-vous chez elle pour faire de la philosophie en toute liberté ; il faut dire qu'on soupait chez Sophie Arnould mieux que partout ailleurs. Toute fière de ses succès du monde, elle n'oubliait pas l'Opéra, le vrai théâtre de sa gloire ; elle chantait toujours d'une voix fraîche et mélodieuse, elle jouait en outre avec toute la grâce et tout le sentiment d'une grande comédienne. Garrick, dans son voyage à Paris, déclara que mademoiselle Arnould était la seule actrice qui frappât ses yeux et son cœur.

Malgré toutes les remontrances de la cour, le comte de Lauraguais continuait à vivre avec elle sous le même toit. Madame de Lauraguais, qui était le modèle des femmes sacrifiées, vendait ses diamants pour que son mari fît honneur à sa maison; mais Dieu sait les diamants qu'il aurait fallu vendre pour soutenir longtemps le luxe de Sophie Arnould! son hôtel était un palais, son salon un musée, sa toilette une féerie. Au milieu de cette vie si folle et si fastueuse, le croira-t-on? le comte de Lauraguais et mademoiselle Arnould s'aimaient toujours de l'amour le plus tendre.

Quatre années se passèrent ainsi, à la grande surprise des amis du comte et des amies de la chanteuse. Jamais pareil amour ne s'était allumé sur les planches de l'Opéra. Sophie Arnould, on le devine, s'ennuya la première;

pendant une absence du comte, elle décida qu'il était temps de rompre ; elle ne voulut rien garder de lui, elle fit atteler le carrosse, y mit ses bijoux, ses dentelles, ses lettres, tout ce qui lui rappelait son bonheur avec lui : — Va, dit-elle à son laquais, conduis ce carrosse chez madame de Lauraguais ; tout ce qui est dedans lui appartient. — Comme le laquais s'en allait, elle le rappela : Attends, j'oubliais une chose importante. — Elle appela ses femmes : Qu'on m'apporte les deux enfants du comte ; ils sont bien à lui, se dit-elle en se promenant. — On apporta les deux enfants, l'un encore au berceau, l'autre bégayant à peine. Elle les embrassa et leur dit adieu. — Tiens, La Prairie, porte ces enfants dans le carrosse et mène-les avec tout le reste. — La Prairie obéit sans mot dit ; il alla tout droit à l'hôtel de Lauraguais, où la comtesse était seule. La pauvre femme accepta les enfants et renvoya les bijoux. On a souvent médit des femmes du xviiie siècle; ce trait ne doit-il pas en absoudre beaucoup? N'y a-t-il pas bien des femmes aujourd'hui qui garderaient les bijoux et renverraient les enfants?

Là ne finit point l'amour des deux amants. Après quelques infidélités, ils en revinrent au même point. Le scandale avait été grand dans Paris, il fut plus grand encore à la nouvelle de ce raccommodement. Le comte fit plusieurs voyages; il est entendu que pendant ces absences Sophie Arnould laissa voyager son cœur.

« Ah! cruelle, lui dit le comte au retour, vous avez voyagé plus loin que moi.

— Pierre qui roule n'amasse pas de mousse, répondit-elle; mais, hélas! mon cœur a amassé bien de l'ennui. Le prince d'Hénin me fera mourir avec ses bouquets, ses madrigaux et ses écus. C'est une vraie pluie d'amour.

— Attendez, lui dit le comte, je vais vous délivrer d'un prince si ennuyeux. »

Le même jour, — 11 février 1774, — il assembla quatre docteurs de la Faculté de Paris.

— C'est une question importante, leur dit-il gravement; il faut savoir si l'on peut mourir d'ennui.

Après de mûres réflexions, les quatre docteurs se déclarèrent pour l'affirmative. Ils motivèrent leur jugement dans un long préambule; après quoi ils signèrent de la meilleure foi du monde.

— Et le remède? demanda le comte.

Ils décidèrent qu'il fallait distraire le malade, changer son horizon et de le délivrer des gens qui l'entouraient.

Cette pièce en main, le comte s'en va droit chez un commissaire porter plainte contre le prince d'Hénin, sous prétexte qu'il obsédait mademoiselle Arnould au point de la faire mourir d'ennui.

— Je requiers, en conséquence, qu'il soit enjoint au prince de s'abstenir de toute visite chez la chanteuse jusqu'à ce qu'elle soit hors de la maladie d'ennui dont elle était atteinte, maladie qui la tuerait, selon la décision de la Faculté, ce qui serait un malheur public et un malheur privé.

On devine que cette plaisanterie se termina par un duel. Ils se battirent si bien ou si mal tous les deux, que le soir même du duel ils se rencontrèrent ensemble chez Sophie Arnould.

Peu de temps avant la révolution, elle quitta le théâtre, les passions de l'Opéra et les passions du monde pour se retirer à la campagne. Elle imita Voltaire, Choiseul, Boufflers ; elle se livra à l'agriculture comme la reine Marie-Antoinette ; elle eut des vaches et des moutons ; elle fit du beurre et du fromage ; elle fana son foin et cueillit ses pois.

En pleine révolution, elle vendit sa petite terre pour acheter à Luzarches la maison des pénitents du tiers-ordre de saint François. Comme elle avait toujours de l'esprit, elle fit graver cette inscription sur la porte : *Ite, missa est.* Elle s'occupa de sa mort et de son salut. Cette femme qui avait, comme Madeleine, jeté son cœur à tous les vents printaniers, profané son âme dans toutes les folles amours, se prépara à la mort avec une certaine volupté claustrale. Au bout du parc, dans le couvent en ruine, elle disposa son tombeau et fit inscrire sur la pierre ce verset de l'Écriture :

Multa remittuntur ei peccata, quia dilexit multum.

Chaque jour elle visitait son tombeau, traduisant ainsi le verset : « Tous mes péchés me seront remis, parce j'ai toujours aimé. »

Le croirait-on ? les sans-culottes de Luzarches vinrent la troubler dans sa retraite, la prenant pour une religieuse et pour une ci-devant. Ils firent un matin une visite domiciliaire dans la maison des pénitents : « Mes amis, leur dit-elle, je suis née femme libre, j'ai toujours été une citoyenne très active, et je connais par cœur les droits de l'homme. » Les sans-culottes ne voulurent pas la croire sur parole; ils allaient la mener en prison, lorsque l'un d'eux aperçut sur une console un buste de marbre : c'était Sophie Arnould dans le rôle d'Iphigénie; il s'imagina que c'était le buste de Marat, trompé sans doute par l'écharpe de la prêtresse. « C'est une bonne citoyenne, dit le plus lettré de la troupe, » et tous s'en allèrent édifiés du patriotisme de la comédienne.

Il lui restait alors trente mille livres de rente et des amis sans nombre. En moins de deux ans, elle perdit sa fortune et ses amis, grâce à la guillotine et aux troubles de la révolution. Elle revint à Paris avec quelques débris sauvés du naufrage ; un mauvais avocat, qui gouvernait son bien, acheva de la ruiner. Elle tomba donc dans une misère absolue et dans une solitude profonde. Elle alla vainement frapper à la porte de tous ceux qui l'avaient aimée, elle frappa à bien des portes, mais c'était frapper sur la pierre des tombeaux ; ceux qui l'avaient aimée n'étaient plus là. La prison, l'exil, l'échafaud, les avaient dispersés pour jamais. Elle fut réduite à aller demander assistance chez un perruquier qui l'avait coiffée en ses beaux jours. Cet homme demeurait dans la rue du Petit-Lion. Il lui donna asile, mais dans un triste réduit sans lumière et sans cheminée où la pauvre femme grelottait et s'éteignait. Elle payait cher les grandeurs passées ; certes, Madeleine ne traversa pas une pénitence si austère. Elle chantait encore. « On a entendu, dit un biographe, mêlée aux concerts mystiques des obscurs théophilanthropes, cette voix qui tonnait dans *Armide* et qui soupirait dans *Psyché;* on a gémi en pensant à l'incertitude des événements et aux mystères de la fatalité. »

Un jour qu'elle était comme de coutume seule dans sa chambre, grelottant sans se plaindre, ne désespérant pas de son étoile, rebâtissant pour la millième fois le château écroulé des fêtes de sa vie, le perruquier entra chez elle.

« Eh bien ! lui dit-elle avec humeur, est-ce qu'on entre ainsi sans se faire annoncer ?

— Il est bien l'heure de plaisanter ! dit le perruquier d'un air fâcheux : savez-vous ce qui m'arrive ? Décidément on prend ma perruque pour une enseigne d'auberge; le comte de T... est descendu chez moi.

— Le pauvre homme ! s'écria Sophie Arnould.

— Il arrive incognito d'Allemagne sans un sou vaillant. Dieu merci ! si tous les gens que j'ai coiffés viennent me demander un gîte et du pain, me voilà bien loti. »

Sophie Arnould descendit dans la boutique.

« C'est toi ? s'écria le comte de T... en se jetant à son cou.

— En vérité, dit-elle, il me semble que je lis un roman. L'exil est donc bien dur, que vous vous résignez à venir dans cette ville toute sanglante où vous n'avez plus d'amis. Croyez-moi, vous allez être plus exilé à Paris que chez le roi de Prusse.

— Qu'importe ? dit le comte de T...., n'ai-je pas trouvé un cœur qui se souvient de moi ? »

Ils s'embrassèrent encore et jurèrent de ne pas se séparer. Le perruquier logea son nouvel hôte dans un galetas du cinquième étage. Dès que le jour était venu, Sophie Arnould montait chez lui avec une tasse de café à la main ; ils partageaient fraternellement, après quoi ils devisaient du temps passé pour oublier un peu les angoisses du présent. A l'heure du dîner, le perruquier les priait de descendre dans l'arrière-boutique, où l'on dînait tant bien que mal à la même table. « Je n'ai qu'une table et qu'une soupière, disait ce brave homme, sans quoi je ne prendrais pas la liberté de dîner avec vous; mais, ajoutait-il avec un certain air malin, autres temps, autres mœurs.»

Il y aurait un curieux chapitre à faire sur cet intérieur de perruquier hébergeant des hôtes illustres. Il y aurait à recueillir plus d'un mot piquant, plus d'une pensée philosophique, plus d'un tableau profondément humain. Il est bien regrettable que Sophie Arnould, qui écrivait des lettres charmantes, n'ait pas raconté en détail son séjour dans la rue du Petit-Lion.

On ne sait ce que devint le comte de T...,
je n'ai même pu découvrir son vrai nom. Les
mémoires disent qu'il avait été dans sa jeunesse « un des plus jolis grapilleurs des espaliers de l'Opéra. »

Sophie Arnould retrouva son étoile avant
de mourir. Fouché l'avait aimée; devenu ministre en 1798, il reçut un matin en audience
extraordinaire une femme qui disait avoir de
précieuses confidences à lui faire touchant la
sûreté de l'État. Il reconnut Sophie Arnould,
écouta son histoire avec émotion, et décida,
séance tenante, qu'une femme qui avait enchanté par sa voix et ses yeux tous les cœurs
pendant plus de vingt ans, avait droit à une
récompense nationale; en conséquence, il signa le brevet d'une pension de 2,400 livres,
et ordonna qu'un appartement lui fût donné
à l'hôtel d'Angevilliers. Sophie Arnould, qui,
la veille, n'avait plus un seul ami, en vit venir

un grand nombre à son nouveau domicile. Tous les poëtes du temps, qui étaient de mauvais poëtes, tous les comédiens, tous les habitués du Caveau, se réunirent chez elle comme dans un autre hôtel Rambouillet. Seulement, au lieu des préciosités du beau langage, on y répandait à pleins verres la gaieté gauloise qui rit à gorge déployée.

Sophie Arnould a eu quatre enfants. Le comte de Lauraguais voulut bien *reconnaître* deux garçons. L'aîné des deux se montra digne de ce grand nom : il mourut colonel de cuirassiers à la bataille de Wagram.

Dans son beau temps elle fit semblant de se marier, par égard pour les mœurs; un architecte de ses amis voulut bien se prêter à la plaisanterie. « Quoi, dit-on à la danseuse, vous épousez un architecte, vous qui avez fait les délices des plus grands seigneurs! » — Je n'avais, répondit-elle, rien de mieux à faire pour employer les pierres qu'on jetait de tous côtés dans mon jardin.

Dans la même année, il lui prit la fantaisie d'être dévote. Elle appela un' prêtre; il en vint deux. Un seul l'eût peut-être convertie; mais deux la laissèrent incrédule. « Deux directeurs à rabats! s'écria-t-elle, c'est encore pis que des directeurs d'Opéra. »

Jamais l'Opéra ne posséda une pareille comédienne dans les scènes pathétiques; elle faisait pleurer ou frémir toute la salle. Pendant que toutes les âmes étaient suspendues à son regard, pendant que tous les cœurs tressaillaient à ses accents, elle s'amusait, car elle ne prenait rien au sérieux, à jeter le désordre sur la scène par quelques mots bouffons. Quand elle tombait évanouie entre les bras d'un amant au désespoir, pendant que le parterre criait et s'extasiait, elle disait au héros éperdu : Ah! mon cher, que tu es laid!

On pourrait, à l'exemple des biographes, citer quelques bons mots de Sophie Arnould ; mais cet esprit-là n'a pas cours aujourd'hui parmi les honnêtes gens : c'est de l'esprit entre deux vins, comme on disait de l'esprit de Dancourt. Sophie Arnould a eu pour amants Rulhières et Beaumarchais ; on l'accuse d'avoir souvent emprunté de l'esprit à ses amants ; pourquoi n'accuse-t-on pas aussi ses amants d'avoir quelquefois brillé avec son esprit ?

En 1802, dans la même saison, on enterra sans bruit, sans pompe, sans éclat, trois femmes qui durant près d'un demi-siècle avaient rempli la France de l'éclat de leur beauté, des pompes de leur talent et du bruit de leurs amours, mademoiselle Clairon, madame Dumesnil et madame Arnould. Sophie se confessa à l'heure de la mort ; elle raconta au curé de Saint-Germain-l'Auxerrois toutes ses passions profanes. Comme elle lui parlait des fureurs jalouses du comte de Lauraguais, celui qu'elle avait le plus aimé, le curé lui dit : « Ma pauvre fille, quels mauvais temps vous avez traversés ! — Ah ! s'écria-t-elle avec des larmes dans les yeux, c'était le bon temps ! J'étais bien malheureuse ! »

Ce trait du cœur, qu'un poëte a recueilli dans ses vers, me console de tous les traits d'esprit de Sophie Arnould.

FIN.

ROMANS

DE MADAME LA COMTESSE DASH

	vol.	fr. c.
LE JEU DE LA REINE.	2 in-8	15 »
MADAME LOUISE DE FRANCE.	1 in-8	7 50
L'ÉCRAN.	1 in-8	7 50
MADAME DE LA SABLIÈRE.	1 in-8	7 50
LA CHAÎNE D'OR.	1 in-8	7 50
LE FRUIT DÉFENDU.	4 in-8	30 »
LA MARQUISE DE PARABÈRE.	2 in-8	15 »
LES BALS MASQUÉS.	2 in-8	15 »
LE COMTE DE SOMBREUIL.	2 in-8	15 »
LE CHÂTEAU DE PINON.	2 in-8	15 »

LES GROTESQUES, par *Théophile Gautier*.	2 in-8	15 »
MILLA ET MARIE, par *J. Sandeau*.	2 in-8	15 »
LE CAFÉ DE LA RÉGENCE, par *A. Houssaye*.	2 in-8	15 »
UNE LARME DU DIABLE, par *Th. Gautier*.	1 in-8	7 50
LA COMÉDIE DE LA MORT, par *Th. Gautier*.	1 in-8	7 50
SUZANNE et la CONFESSION DE NAZARILLE, par *E. Ourliac*	2 in-8	15 »
LA COMTESSE ALVINZI, par *le marquis de Foudras*.	2 in-8	15 »
FERNAND, par *Jules Sandeau*.	1 in-8	7 50
LA TOUR DE BIARITZ, par *Élisa de Mirbel*.	1 in-8	7 50
DEUX TRAHISONS, par *A. Maquet*.	2 in-8	15 »

Sous Presse :

	vol.
VALCREUSE, par *Jules Sandeau*.	2 in-8
LA PRINCESSE DE CONTI, par *la comtesse Dash*.	2 in-8
UN RAYON DANS LA NUIT, par *le marquis de Foudras*.	2 in-8
LA VIE DORÉE, par *A. Maquet*.	2 in-8
UN ROMAN, par *Roger de Beauvoir*.	2 in-8

Sceaux. — Imp. de E. Dépée.

www.ingramcontent.com/pod-product-compliance
Lightning Source LLC
Chambersburg PA
CBHW060512170426
43199CB00011B/1419